いっしょに
家をつくりたい
建築家38人

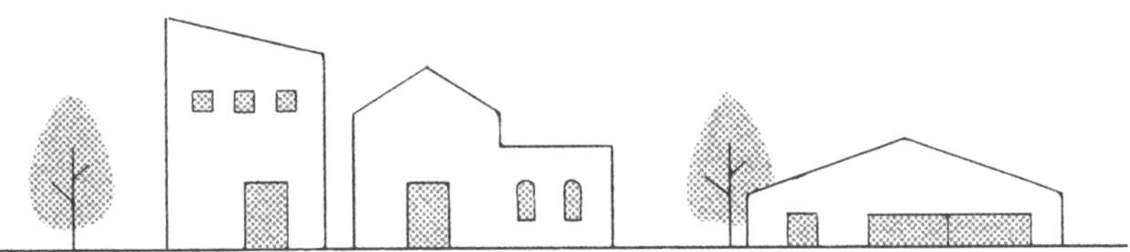

青幻舎

Index ※五十音順に掲載しています。

Introduction

本書に掲載しているのは、JIA=日本建築家協会の建築家たちです。

JIAは1987年に結成された、建築の設計・監理を行う建築家の団体です。初代会長は、建築家の丹下健三が務めました。正会員の資格は、建築設計監理業務を専業として行い、一般建築士の免許登録から5年以上の実務経験者に与えられ、入会にあたっては、正会員2人からの推薦が必要になります。
日本では建築士制度が定められていますが、その有資格者のなかにも設計・監理の実務経験のない、いわゆるペーパー建築士も少なくありません。そのためJIAでは、会員に継続的な研修を課すとともに、新たな建築家資格制度をつくり、安心して設計を依頼できる建築家を「登録建築家」としてウェブサイト上で公開しています。

日本建築家協会 近畿支部 住宅部会について

JIA（日本建築家協会）は近畿をはじめ、北海道、東北、関東甲信越、北陸、東海、四国、中国、九州、沖縄の10の支部で構成されています。JIA近畿支部の中でも住宅の設計に多く携わり、あるいは住宅に関心を持っている建築家有志の集まりとして、1988年に住宅部会が発足しました。毎月の例会を中心に、一般の方でも参加できる講演会や作品展、住宅無料相談会なども開催しています。
本書は、1993年につくられた「日本建築家協会 近畿支部 住宅部会 建築家カタログ」の第1集から数えて第10集にあたるもので、今回初めて東海支部、四国支部にも声をかけて、愛知や徳島の建築家にもご参加いただきました。

選考委員によって選ばれた38人の建築家を掲載しています。

本書に掲載する建築家を決めるにあたって、事前に提出作品にもとづいて選考会を行いました。審査会では建築家の前田圭介氏に選考委員を務めていただき、忌憚ないご意見をいただきました。
掲載しているのは、すべて各建築家から選考会に提出された住宅作品です。もちろん、それぞれ他にも多くの住宅建築を手がけていますから、掲載作品を手がかりに気になる建築家を見つけて、各建築家のウェブサイトやSNSなどもご参照ください。

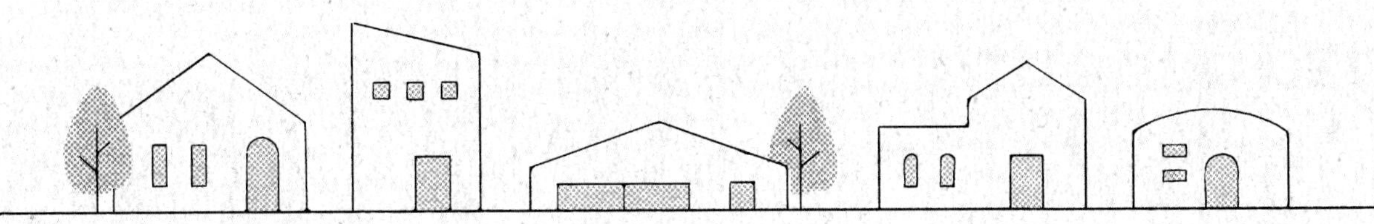

本書の読み方

設計を手がけた住宅の写真
本書に掲載した住宅作品にまつわるタグ
建築家名
藤本高志
アトリエ名
アトリエのある所在地

設計を手がけた住宅の写真
コンセプトテキスト
住宅にまつわるデータ

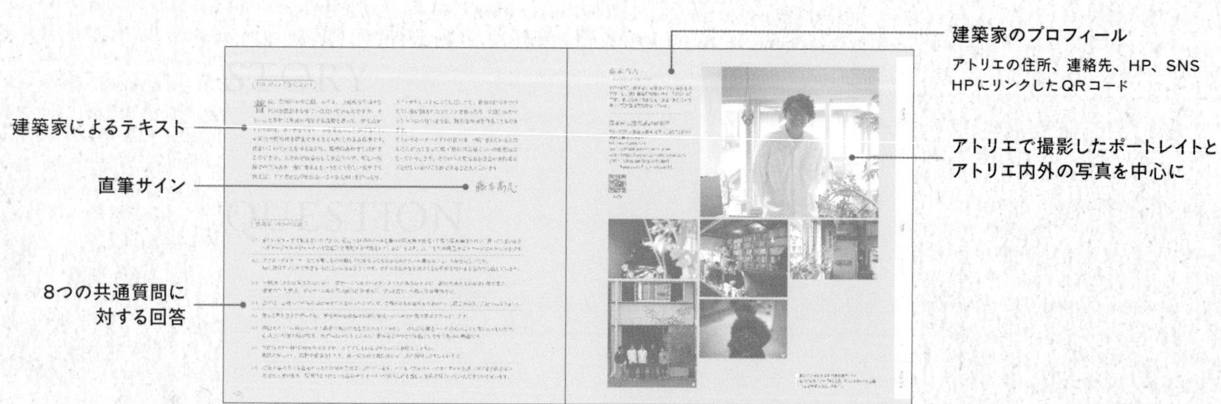

建築家のプロフィール
アトリエの住所、連絡先、HP、SNS
HPにリンクしたQRコード
建築家によるテキスト
直筆サイン
アトリエで撮影したポートレイトとアトリエ内外の写真を中心に
8つの共通質問に対する回答

いっしょに 家をつくりたい 建築家38人

8つの共通質問

Q1. 好きな本、好きな映画、好きな音楽
Q2. 好きな植物
Q3. 好きな建築
Q4. 好きな食
Q5. 日課としていること
Q6. 居心地がいいと感じる場所
Q7. 自身の住まいで大事にしている場所
Q8. 読者へのメッセージ

ページ右端のタグについて

本書に掲載している住宅作品に当てはまるタグを示しています。
最下段の「その他」の位置には、各建築家から希望のあった言葉を掲載しました。
都市型／郊外型／平屋／コートハウス／別荘／エコ住宅／併用住宅／改修／その他

浅井裕雄

Hiroo ASAI

裕建築計画

愛知

コンクリートの箱から木造フレームが周辺に張り出している

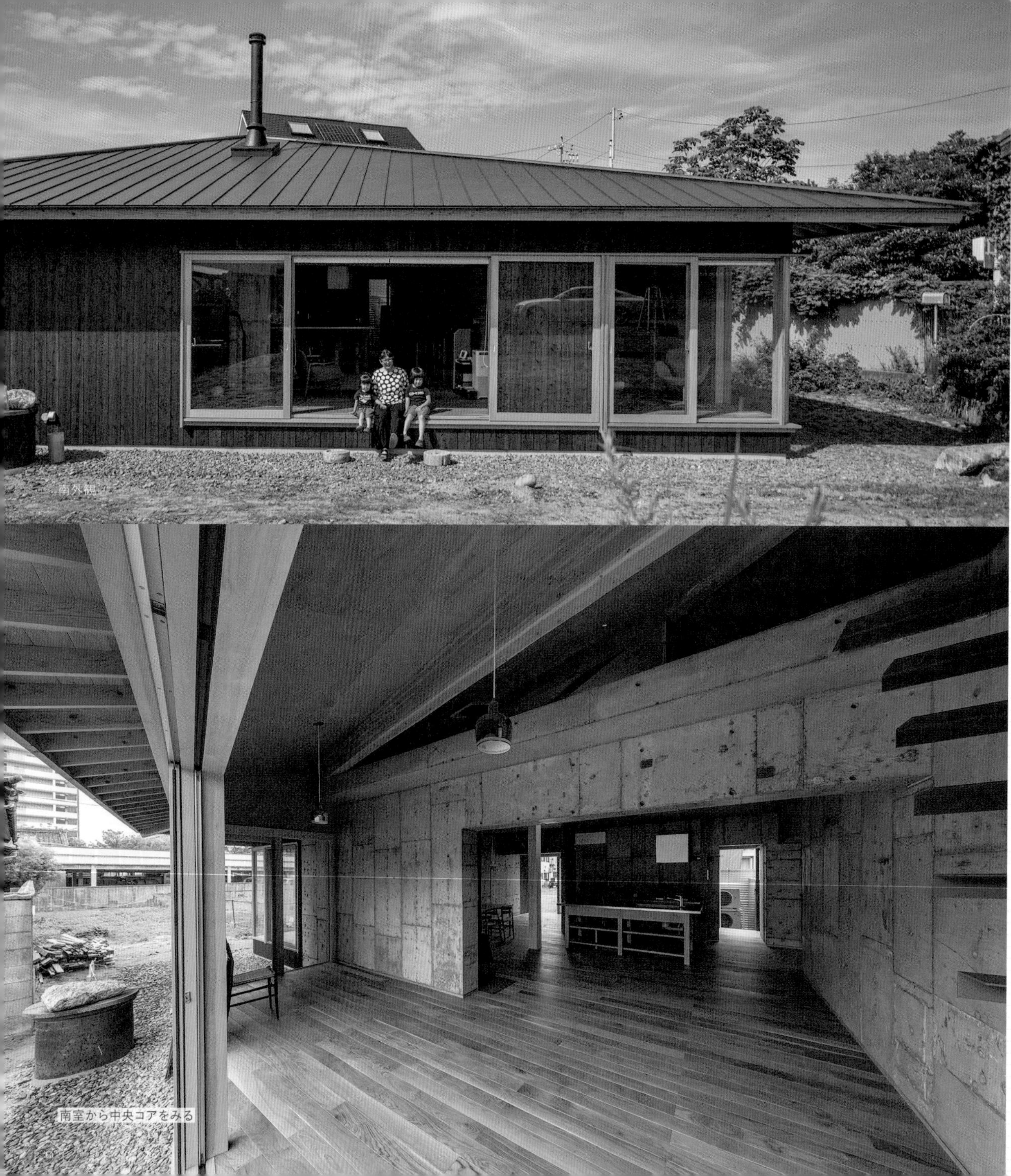

南外観

南室から中央コアをみる

ロフト

中央コアから東室をみる

中央コアから東室南室をみる

東室から南室をみる

溶ける建築

土の可逆性とコンクリートの不変性

Point

2世帯住宅だが、将来2人暮らしになるので大きい家は気が重いと言われる。そこで、土の可逆性を利用して、外壁ラインを減築や増築できるようにしておき、家族構成に合わせて操作できることにした。家の中心に約20坪の井桁に組んだRCボックスを配置。木造フレームがコンクリートを覆うように張り出し、全体で約40坪の広さとなる。外力はコンクリートが受けもち、木造のフレームは耐力壁を必要としない。よって、どこでも開口や、壁をなくすこともできる。コンクリートが内側にあることで、熱環境の蓄熱材として、緩やかな温度変化により快適である。コンクリートの内側は、みんなのスペースで、その外周部にプライベートな室が配置される。4つの開口はそれぞれ庭に広がる計画として、中心に家族が集まると、必然的にプライベートな室を半開きにすることになる。建築の持続性に対して適切な広さが気になっている。建築が減らせる方法を説明する時代になってきたと思う。

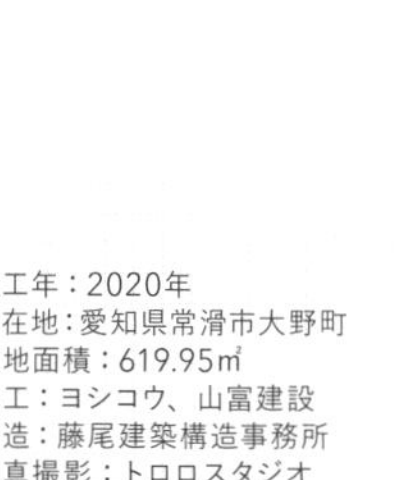
竣工年：2020年
所在地：愛知県常滑市大野町
敷地面積：619.95㎡
施工：ヨシコウ、山富建設
構造：藤尾建築構造事務所
写真撮影：トロロスタジオ

STORY

住宅の「先」を語る

あなたは、何年先まで想像できますか？ いっとき、このテーマを探求していました。1995年に自宅の設計をはじめた。建築をつくることは、お祭りのフィナーレへ向かっていく高揚感がある。自分自身の家ともあり、熱量をもって計画、98年から住み始めた。母と弟の世帯と私の家族、3世帯同居の家である。そのころ、私の家族は、幼稚園にかよう娘が二人、母は孫と同居できて一番幸せな時期だった。弟ともたまの週末は、いっしょにワインを飲んだり、理想的な暮らし方だった。しかし、時がたつにつれ、それぞれの環境が変わり、母は認知症を患い、弟も心の病になる。今は私の家族だけがそこにいる。私は、過去を振り返ってみた。家族の暮らしと家がどんな関係だったか。人は右肩上がりばかりでない。そんな時に、建築は支えになるのだろうか。つらいときも居場所がある建築。土地のように普遍で使い回せる建築を目指している。

QUESTION

建築家へ8つの質問

A1. 最近読んだ本のベスト4：『熱源』川越宗一、『宝島』真藤順丈。どちらも終わりは第二次大戦後の日本。この国の境界で起こるできごと今のロシアや沖縄が理解できる。『国宝』吉田修一。空間や情景のディテールまで浮かび上がる。『夏への扉』ロバート・A・ハインライン。猫のピートに惚れる。

A2. 事務所の窓から見える「金木犀」。春になるとメジロがわんさか寄ってくる。

A3. 常滑にある「陶芸研究所」。設計は堀口捨己。非対称のフォルムと2mを超える連続梁の庇から漏れる光。紫に包まれるエントランス。ぜひ雨の日に訪れて。

A4. 大好きな食事は、レストランの少しのノイズと会話のあるサービス。それと、うまい食事と酒。

A5. 猫の世話。事務所に暮らす猫はそこで保護した子たち。地域と猫の関係を模索中。

A6. ダイニングのいつもの場所。Yチェアに座って食事をしているとき。

A7. 先の答えに共通するが、長くいれる場所。

A8. 住宅は、今をデザインし未来もデザインすることになります。少し先の未来まで使える家には余白が存在します。

浅井裕雄

Hiroo ASAI

1964年愛知県生まれ。中部大学大学院建設工学科卒業。国分設計を経て1997年 裕建築計画を設立。名古屋工業大学、愛知県立芸術大学、椙山女学園大学などで非常勤講師を務める。

裕建築計画

464-0804 愛知県名古屋市千種区東山元町2-43
tel：052-788-7744
web：https://www.hello-uu.com/

web

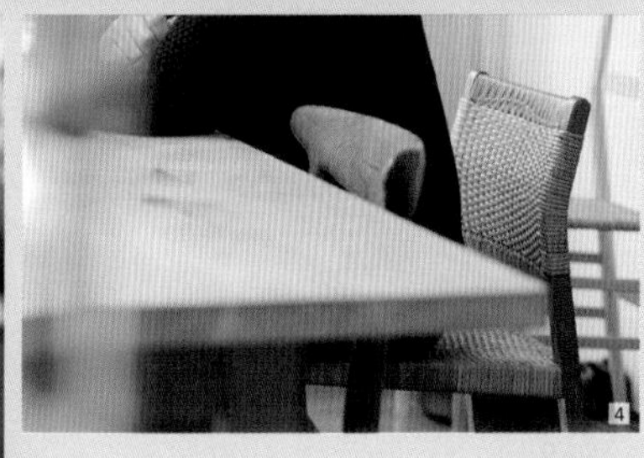

1 築60年におよぶ集合住宅の一室をアトリエに。むき出しのコンクリートが蓄熱材ともなること、結露の条件などをこの場で学び、設計にも活かしている。
2 地域の迷い猫を保護。アトリエ内にネコのためのスペースも設けている。
3 常滑の陶芸作家の作品があちらこちらに。
4 打ち合わせ室などの椅子はポーエ・モーエンセンを愛用。

出江潤

Jun IZUE

ボラ設計

大阪

ブロック外壁と木軸との隙間空間：
外部との緩衝帯としてハードな使い勝手を受け止められるように土間仕上げにした

コンクリートブロックとガルバリウム鋼板の小波板で構成した外観。周囲にどう開くかではなく“いかに閉じるか”に着目した

ブロック外壁と木軸との隙間空間：キッチンを隙間空間に、LDは木軸内部に配置

玄関から浴室、脱衣室まで通り抜けられる

ブロック外壁と玄関ドア

2階空間と北側の天窓

LDスペース：薄い床構造を段違いに構成。上下階を繋げ、インテリアに開放性と連続性を持たせた。NLT（Nail-Laminated Timber）とは、釘や木ネジでパネル状に組む木の積層構造のこと。ここでは一般流通の製材を薄くイカダ状に並べて床構造にした

ブロック塀とNLT

籠る安心感の中に開かれた空間

Point

大阪郊外のミニ開発地に建つ小住宅です。この家ではコンクリートブロックの外壁で囲った内側へ入子状に木軸のボリュームを挿入し、周囲にどう開くかではなく、“いかに閉じるか”に着目しました。質量感のあるコンクリートブロックは周囲との距離感を保ち、室内に籠る安心感を与えます。また、回遊式のブロックと木軸との隙間空間は“中にとっての外”となり、外部との緩衝帯として様々な使い方を受け止めてくれます。この家ではクライアントの趣味がサッカーだったため、泥だらけで帰って来ても玄関からそのまま浴室に直行し、泥を落として脱衣室に抜けられる計画にしました。

竣工年：2021年8月
所在地：大阪府柏原市
敷地面積：124.32㎡
構造：桃李舎
設計協力：おうちソムリエ
照明計画：DAIKO
施工：エムエス工務
組積工事：マツオコーポレーション
外構・造園：Green Space
制作金物：Bowl Pond
写真撮影：Yasutaka Kojima

STORY

Talk About「ありうべき建築」

わたしはいわゆる二世建築家で、ずっと建築家の父を見て育ってきました。それゆえ、建築家の生態に人一倍詳しかったりします。
建築家のよくとる行動って？　壁や床など建築に関係のない人なら普通気にも留めないようなところをジーっと凝視したり、触ったりします（かくいう私もそのひとりで、素材やディテールを確かめています）。あと、一般的な人よりちょっとロマンチストだったり…。父と和歌山まで磯釣りにいった時のこと、父に大物が掛かったのですが、水面下に一瞬だけ銀色の瞬きを残し、逃がしてしまいました。父は「いまのは50cmあったぞ！」と興奮気味で語る傍で、ツレのおじさんは至って冷静に「いまのはせいぜい40cmだな、先生」とただの事実だけを言い、痴話ゲンカがはじまるのです。建築家生態に詳しい私は、もちろんその父の言葉の裏には事実と共にその時の感動や興奮、なにより想像力が含まれていることを知っています。人の心を魅了する建築にはそういった想像力が必要で、それはデザインの話だけではなく、その建築に込める想いや考え方にも及びます。ただの機能主義で事実だけでつくられる建物ではハコモノとなって、感動を生むことはないのです。
建築家の生態、そして大切な職能のひとつは、敷地環境やクライアントの諸条件に、想像力を盛り込むことで、ただのモノゴト（建築）を「ありうべきモノゴト（建築）」へと昇華させることだと思います。いい建築をつくるためには、想像を共感し合える建築家や施工者と巡り合うことがその第一歩となるのではないでしょうか。

本江 潤

QUESTION

建築家へ8つの質問

A1. 好きな音楽ジャンルはテクノ、ジャズ、アンビエント。

A2. キソケイ。1年に2度、地面が黄色い絨毯になるくらいたくさんの香しい花を咲かせます。
通りすがりの人の足を止めさせるような、人を惹きつける魅力があります。

A3. 現代建築、古建築を問わず、その場所らしい建築。気候・風土に順応し、地域に根ざした建築が好きです。

A4. 美味しいものはお酒も含めて目がないですが、甘党なので仕事中もずっとお菓子を食べています。

A5. たまにランニングなどの運動。

A6. 自宅の屋根裏部屋。奥行の先にあるポツ窓の光と、適度な籠り具合がお気に入り。

A7. 食卓。家の中心に据えたので、食事空間がみんなの集まる場所になっています。

A8. いい建築は建築家だけではつくることができません。いい建築はクライアント・建築家・施工者の三者が一体となってはじめて実現することができます。みなさんと想像を共感し合えるチームをつくって、一緒にモノづくりを楽しみましょう！

出江 潤

Jun IZUE

1975年生まれ。1999年 出江建築事務所勤務。2007年 ATELIER JUSE開設。2017年 浅野・出江建築事務所開設。2018年関西建築家新人賞を受賞。2019年 SDレビュー入選。

ボラ設計

530-0053 大阪府大阪市北区末広町2-8
tel：06-6125-5458
mail：office@borasekkei.co.jp
web：https://borasekkei.co.jp
SNS：Instagram @bora_architects_office

web

1 南森町の裏路地にある古い一軒家をアトリエに。階段や窓の様子は都心部とは思えない。
2 1階の打ち合わスペースでは、月曜の昼だけは友人が蕎麦屋として間借り営業。
3 「父の作品で一番好きな建物」という、出江寛の作品「基督兄弟団西宮教会」のドローイングが壁に。

伊月善彦

Yoshihiko ITSUKI

moon at.

徳島

外観。100年前からのフォルムを保つ。右側の母屋との間の平屋が露路部分

アトリウム。彩光のための町屋の「通り庭」のような役割、雨が降ると賑やかな音がして雪が積もると白い天井になる

リビングルーム。正面の2枚のアルミサッシのみ新設。壁は土壁＋漆喰を復旧した

ホール。母屋から玄関に入ると右側に母屋と繋がる孔（扉は引き分け引き込み戸）

アトリウム、ホール、リビングを見通す

キッチン。天板は欅無垢材、扉類はこの住宅で撤去した天井板を使用

cow house

記憶を繋ぐ牛舎の改修

Point

築100年オーバーの木造牛舎と長屋をリノベーションして自邸を計画した。敷地にはもともと古い3棟の建物、大正初期にで建てられた元「牛小屋」(伝統工法)、昭和初期に建てられた両親が暮らす母屋（伝統工法)、昭和中期に建てられた賃貸長屋（在来工法）が2mほどの露地を介して建っていた。幼少期より見慣れた風景を現場として見たとき、露地に強い力を感じ、この印象をリノベーションに取り入れたいと考えた。「Cow house」は建物を繋ぐと言う行為を手がかりに、古くから共存する建築と二組の夫婦（親子）とのサステナビリティのためにスタートした。同じ木造でありながら工法の違う建物を一つにする。各々が調和するだけではなく、相互に緊張をもたせるよう露路部分に増築部を挿入し、人・建物に対して新築では表現できないものをつくりたかった。また、フォルムと素材を変えないことにより激しいスピードで変わりゆく周辺環境に対しての地域性を保つことを目指した。

竣工年：2013年
所在地：徳島県徳島市
敷地面積：620.59㎡
施工：マツシタ
写真撮影：米津 光、殿村誠士

STORY

Talk About「波と建築と私」

思い返せば波に翻弄された半生だった。高校時代に波乗りに出会い、限られた時間を波に捧げるためだけに経済学部に進学。波に没頭しすぎた結果、数年で大学をクビになるも海に通い続けるための環境として「学生の身分」以外思いつかずになんとなく建築デザインの専門学校にたどり着いた。しかも昼を有効利用するため夜間部に入学という用意周到ぶり。当然、昼間仕事をしながら夜学ぶ人たちには根性もスキルも叶うわけもなく、夏休みを待たず退学の二文字が頭をよぎったのはゆーまでもない！ 見るにみかねた講師の先生が「私の事務所に来い」と半ば強制的に連行される、それが人生の分かれ道になるとは当時は知る由もない。師匠の事務所で鍛えられた甲斐あって卒業制作で最優秀賞を戴き、大いなる勘違いをしたままこの世界に足を踏み入れてしまった。そこから現在まで時折は横道に外れたりしながらもなんとか踏みとどまり海の近くにオフィスを設え私は波と建築に弄ばれている…。

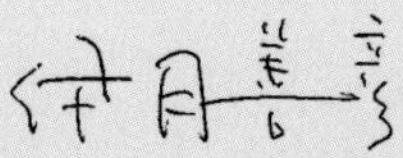

QUESTION

建築家へ8つの質問

A1. 本：今日の猫村さん　映画：太陽がいっぱい、ROCKY1　音楽：古のROCK

A2. 根塊植物を育てる

A3. その時々でアイドル建築家がおりますが今の気分はピーター・ズントーの建築

A4. カレー

A5. 近所のビーチで波乗り

A6. 徳島県神山町にある隠れ家

A7. 透明の屋根が掛かるアトリウムでボーーーーっとしている時間

A8. 住宅建築は発注者だけでもなく建築家でもなく施工者を含めた三者で造り上げるものです。
各々がリスペクトの気持ちと信頼感を持って取り組めば自ずと良い建築になることと考えます。

伊月善彦

Yoshihiko ITSUKI

1961年徳島県生まれ。建築デザインの専門学校卒業後、アメリカ放浪を経て、1989年 伊月善彦アトリエ開設。2007年 moon at.として法人化。

moon at.

771-0103 徳島県徳島市川内町小松東75-15
tel：088-677-3001
mail：info@moonat.jp
web：https://www.moonat.jp
SNS：Instagram @moonat
Facebook「yoshihiko.itsuki」

web

1 眼の前に吉野川、車を数分走らせればサーフスポットの小松海岸という立地。ちなみに、小松海岸にあるサーフショップやグランピング施設などの設計も手がけている。
2 17年ほど前、学生時代から放置されているのが気になっていたという物件に手を入れてアトリエに。
3 地域猫のためにネコ専用の小窓を24時間開放。アトリエ内でもくつろぐ姿が見られる。
4 打ち合わせデスクのヘッドライトは敬愛するカスティリオーニ。

井戸健治

Kenji IDO

井戸健治建築研究所

和歌山

南東側からの外観。南向きの正方形の窓が並ぶ

東側からの空撮。ノコギリ屋根の彫刻的な外観

リビング・ダイニング。高窓から光が落ちる

子供室からリビング・ダイニングを見る

中庭。洗濯物干場、子供達の遊び場、バーベキューが行われる

洗面脱衣室。高窓からの光が空間を包む

リビング・ダイニング。天井見上げ

太田の住宅

光が美しい彫刻の様な住宅

Point

この住宅は、夫婦と3人の子供の為の木造平屋建ての住宅です。「プライバシーを確保した上で、如何に自然光を室内に取り込むのか?」「建物の外形と内部空間が一体となった、美しい光の取り入れ方とはどういうものか?」を考えました。プライバシーの確保から、道路側のアイレベルは最小限の開口にし、中庭に向けて大きな窓を設けましたが、その中庭も高い壁によって完全に周囲からは閉ざされています。外観上、特徴的なノコギリ屋根の下には、その形のままの空間が広がっており、彫刻的な空間が連続しています。内部空間はディテールの表現が最小限にとどめられ、広幅のアッシュ(タモ)の床と白い壁と天井に、ハイサイドライトから陽射しが降り注ぎます。季節により太陽の南中高度が変わるので、冬にはハイサイドライトからの陽射しが天井面に反射し、レフ板の様に室内を照らします。

竣工年:2020年
所在地:和歌山市太田
敷地面積:299.52㎡
施工:国土建設
構造設計:田口雅一、吉田裕(TAPS建築構造計画事務所)
写真撮影:笹倉洋平(笹の倉舎)

STORY

Talk About「建築の光」

建築において自然の光は窓から取り入れられますが、その窓の位置や大きさによって、空間の身体感覚は大きく変わります。住宅メーカーや建売の住宅では、一般的な場所に一般的な窓が付けられますが、実際に生活してみると、近隣や道路からの視線を気にしてカーテンを閉めたままにしがちです。折角大きな窓を設けてもこれでは意味がありません。
天窓、吹抜の高窓、囲われた中庭に向けた窓等、カーテンを付けなくてもプライバシーが確保できる方法は色々あります。また、入り込んでくる光が当たる（反射する）天井や壁や床を丁寧にデザインすることによって、時々刻々と移り変わる光を感じられる空間を創ることができます。建築によって、普段気にも留めない光の美しさ、移ろいに気付く時があります。建築は、光、構成、素材によって感覚を誘発します。
私たち建築家と共に住空間をつくる場合は、そのような素晴らしい光の移ろいが感じられる空間を目指してください。

井戸健次

QUESTION

建築家へ8つの質問

A1. 毎日午前中は、ミニマル・ミュージックやアンビエント・ミュージックを聞いています。心が落ち着きます。

A2. 事務所を開設した頃からあるパキラ、20年近くの付き合いです。

A3. ピーター・ズントーのヴァルスの温泉施設とブレゲンツ美術館（共にスイス）。
実際訪れた時に、光と構成と素材の扱いが素晴らしいと感じました。

A4. 亡き祖母が作ってくれた笹寿司（紀州の郷土料理「なれ寿司」を食べやすくした早寿司）。

A5. 午前中に建築の洋雑誌（El Croquis、2G、A.MAG、TC等）を読みます。

A6. クライアントとの打合せの帰りに立ち寄る和歌山市の浜の宮ビーチ。海を眺めると心が癒やされます。

A7. 建築や現代アートの洋書の収集が趣味なので、本棚が生活の中心の場所です。

A8. まるで彫刻の中にいるかのような、自然光の美しい空間を創ります。
また「当たり前」と思っていることを再考することによって、新たな空間の豊かさ、感覚の新鮮さ、静謐さを目指しています。

井戸健治

Kenji IDO

1972年和歌山県生まれ。1997年 神戸大学大学院修士課程修了。2003年 井戸健治建築研究所設立。2019年、2021年度に設計した住宅でグッドデザイン賞受賞。

井戸健治建築研究所

649-0151 和歌山県海南市下津町曽根田22
tel：090-2046-3030
mail：info@kenjiido.com
web：https://kenjiido.com/
SNS：X @kenjiido
instagram @kenjiido
Facebook「kenjiido」
「IdoKenjiArchitecturalStudio」
YouTube「KenjiIdo」
threads @kenjiido

web

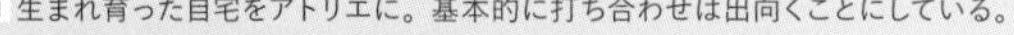

1 生まれ育った自宅をアトリエに。基本的に打ち合わせは出向くことにしている。
2 同時代の現代美術作家の作品を購入。こちらは鈴木崇の作品。
3 本棚には洋雑誌や洋書がずらり。建築家や現代美術関係のものがほとんど。
4 デスク後ろの本棚には毎日、午前中に読み進めている本、勉強中の本が並ぶ。しおり代わりの付箋が見える。

井上久実

Kumi INOUE

井上久実設計室

大阪

縁側は暮らしのなかで各ボリュームをつなぐ動線だけでなく、常に自然を感じるルームとして機能

村道を経て細い坂道を上り、外壁に焼杉を貼った建物にアプローチ

日没後は周囲が暗く静まり、縁側を通して各部屋の明かりが外に漏れる

小さな開口からは周囲の緑を
楽しむことができる

“縁側”の外部面には、蚊帳として可動式の
網メッシュを張り、虫の防御と通風を両立

玄関ポーチから漁港に景色が抜ける縁側にアクセス

リビングから縁側を通して、漁港への眺めを楽しむことができる

淡路島さくらの家

自然と向き合う暮らし

Point

計画地は、淡路島東海岸の生穂漁港の近く、細く急な坂道の先に現れます。南に大阪湾を望み、北に緑深い山をかかえるこの地に、大阪から移り住むスポーツ医学を専門とする医師の診療所兼住宅を計画しました。周囲の緑豊かな自然と共に暮らす静かな住まいであると同時に、台風時の海風、虫・獣害などの自然の脅威への配慮が求められました。団欒の場、診療所、浴室の高さの異なる3つのボリュームそれぞれがリニアに伸びる“縁側”を介して繋がります。それぞれのボリュームへは“縁側”に出てから入るという動線を作りました。“縁側”は、暮らしの中で各ボリュームをつなぐ“動線”だけではなく、常に自然を感じる“ルーム”と位置付けました。完成から2年が過ぎ、この建物は村に閉ざすことなく、誰もが気軽に立ち寄れる“縁側”として機能しているようです。やがてスポーツの場が提供され、ここを拠点に地域の活性化に繋がる。この計画がそのキッカケとなることを期待しています。

竣工年：2021年
所在地：兵庫県淡路市生穂
敷地面積：1664.66㎡
施工：淡路工舎
写真撮影：冨田英次

STORY

住宅の「クライアント」を語る

これまで、提案も含めると300件以上の住宅設計に関わらせていただいたお陰で、様々なクライアントと出会うことができました。工事費を予算内に納めるために、知恵を出し合い、自主工事まで一緒に行ったお施主様、ご自宅、別荘、事務所、知人の建物と連続4件の設計を発注してくださったお施主様、土地が見つからず住宅の建設を諦め、10年後に計画を再開されご依頼いただいたお施主様など様々で、共に喜び、悩み、時には意見が噛み合わないこともありました。

1軒の家に一つのストーリーがあり、完成して数年後の改修などでお会いした時に、思い出話で盛り上がっています。住まいをつくる際は、クライアントの夢や趣味、生活スタイルを共有し、その実現に向けて共に邁進します。特に私が心がけているのは、クライアントの意気込みに負けないよう自分のモチベーションを高め、自分の価値観を一旦白紙にして、そのクライアントに寄り添い、理解することです。これは、設計をする中でクライアントに教えていただいたことです。

井上久実

QUESTION

建築家へ8つの質問

A1. 本：芥川賞の作品（若い人の作品に刺激を受けています）、料理本　映画：ドキュメンタリー、歴史モノ　音楽：ジャズピアノ練習中

A2. 株立ちのカツラ。美しく凛とした樹形と葉っぱが気に入っています。

A3. 林雅子、リナ・ボ・バルディ（力強い作品が好きです）

A4. 普段は日本食ですが、疲れるとお肉で回復してます。料理が好きで、ストレス解消にもなっています。
いつも仕事後に家族とささっとイエ食です。

A5. ピアノのレッスン。朝は8:00～8:45＋夜は20:00～。

A6. 風が通る屋根付きの外部空間。2023年完成の放課後デイサービス「かぜのこ」の外広場はとても気持ち良いです。

A7. ダイニングキッチン。我が家はリビングをなくし、キッチンと一体の大きなダイニングテーブルを設置して、
食事も映画鑑賞も時には仕事も全てここで済ませています。

A8. 住まい手と一緒に創り上げた住まいこそが理想であると信じて、日々施主との対話を続けています。
一緒に住まいづくりを楽しみましょう。

井上久実

Kumi INOUE

1990年 大阪市立大学生活科学部住居学科卒業。1990〜1998年 大林組設計部。1999年 ロンドン在住。2000年から井上久実設計室。住宅、店舗、宿泊施設、保育園、福祉施設などの設計監理を行なっている。

井上久実設計室

546-0041 大阪府大阪市東住吉区桑津2-6-15
tel：06-6719-5258
mail：kumi@a-net.email.ne.jp
web：kumiarch.com
SNS：Instagram @kumi_arch（井上久実設計室）、
@inoue.kumi_arch（井上久実）
Facebook「井上久実設計室」「井上久実」
YouTube「kumi_Arch」

web

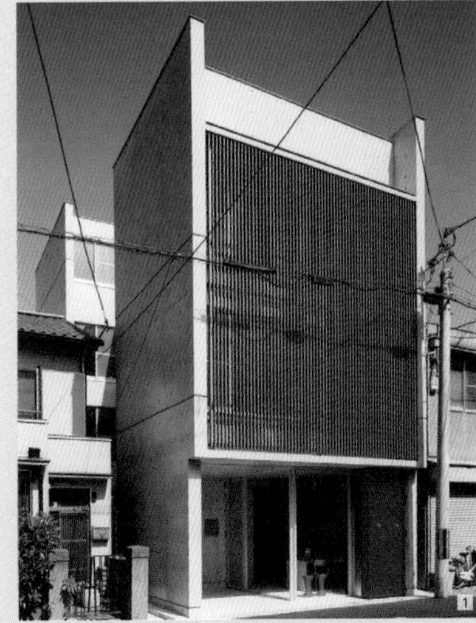

1 自ら設計した自宅兼アトリエ。自身のキーカラーという赤がポイントに。
2 5年前からジャズピアノを始めた。自宅には年代物のガーシュインのピアノが。
3 ポートレイトの背景にも映るのは、現在進行中の研修施設の模型。
4 料理好きが高じてつくった自作の器

岩田章吾

Shogo IWATA

岩田章吾
建築設計事務所

大阪

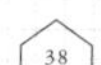

回廊から中庭を見る

正門外観

リビング・ダイニング

冬至夕方、建物正面に日が没する

空景

中庭から主楼を見る（夕景）

寝室

紀伊の廻楼

家族の繋がりの場の創出

Point

建主の父親の故郷に子、孫へと引き継がれていく、つながりの象徴的場としての建築である。生命の円環がテーマであることから、建築形式は中庭を囲む回廊形式とし、エントランスから主楼を経て、海に向かう水平方向の軸線を、冬至の日の入り、夏至の日の出をつなぐ水平方向の軸線に一致させた。この軸線は生命の生誕と死没、そしてそこからの再生を象徴する生命軸である。中庭は中央部を下げることで垂直方向の軸性を意識させており、垂直軸は、水平軸、死と生を象徴する「流転の生命軸」に対する、大地と天空を結ぶ「普遍の世界軸」を象徴している。
それゆえ、この住まいは、日々表情を変える海と空の表情を楽しみながら過ごす住まいであると同時に、一年に一度の特別な日のための建築となった。冬至の日、建物の正面に太陽が海に没するとき、この建物は沈みゆく陽光のためのゲートとなる。

竣工年：2021年
所在地：和歌山県日高郡
敷地面積：541.64㎡
施工：和田建設
構造設計：北條建築構造研究所
照明計画：アカリ・アンド・デザイン　吉野弘恵
写真撮影：小川重雄

STORY

Talk About「本」

本が好きだ。本は街のようなもの。どれも同じようだが、開くと独自の世界がある。装丁が、目次が、レイアウトが、どう読まれたいかを伝えてくる。ふらっと気ままに見て回るのもいいし、急ぎ足で要点を把握するのもいい。しっかり準備して読み込むのはまさに本を探訪する醍醐味だ。電子書籍は便利な点もあるが、街を歩くように読むのであれば断然紙の本だ。

本を買うのも好きだ。気に入った本はいつでも手に取れるようにしておきたい。ただ読むより買う方が多く、未読の本がたまってしまう。セーブしなければと思う反面、まぁこれもいいかなとも思う。世界中の街に思いをはせるように、新しい知識や認識への思いが事務所の壁を埋めていく。

本棚を眺める。乱雑に本が並ぶ私の本棚は、読んだとき、買ったとき、そして読み切れず戻したときの思いが宿っている。そこにはいくつかの読んだ本とたくさんのこれから読む本、選んだ過去と様々にひろがる未来が並んでいる。

QUESTION

建築家へ8つの質問

A1. ありすぎますが、それぞれ一つだけ挙げるなら、ハンナ・アレントの『人間の条件』、アンドレイ・タルコフスキーの『ノスタルジア』、マイルス・デイビスの『イン・ア・サイレント・ウェイ』。

A2. 葉が美しい植物。どの植物も葉はきれいですが。

A3. 独特の雰囲気を持ちながら、開かれている建築。トゥーゲントハット邸、閑谷学校、河井寛次郎記念館。

A4. 何でもおいしくいただく方ですが、どうかお金を払わせてくださいと思ったのは、某洋食屋のカキフライ、某洋菓子店の栗とチーズのタルト、リスボンの広場で食べたペストリー。思うに、どのシチュエーションで食べたかによるようです。

A5. スタッフが事務所に連れてくるミニチュアシュナウザーの散歩。

A6. 事務所2階のスペース。ひとりでスケッチをする、壁に映した映画をぼーっと眺める、学生や仲間と飲み食いしながら話をする。

A7. 書棚。大事にしているという割にはあまり整理されていません。いくらかの読んだ本とたくさんのこれから読む本が雑多に並んでいます。

A8. 心がけていることは、住まい手が豊かに、かつ気楽に過ごせる場を造ることです。多少ルーズに暮らしていても、ライフスタイルが変わっても、家全体の美しさや格が落ちない家を一緒に作り上げられればと考えています。

岩田章吾

Shogo IWATA

1964年大阪生まれ。1989年 大阪大学大学院卒業。1989年より竹中工務店設計部。1999年 コロンビア大学修了。2005年 神戸大学大学院卒業（博士号取得）。2005年 岩田章吾建築設計事務所設立。2012年より武庫川女子大学教授。2024年より大阪芸術大学教授。

岩田章吾建築設計事務所

532-0027 大阪府大阪市淀川区田川2-7-9
tel：06-6195-7377
mail：iwatashogo@bird.ocn.ne.jp
web：http://www.iwatashogo.com

web

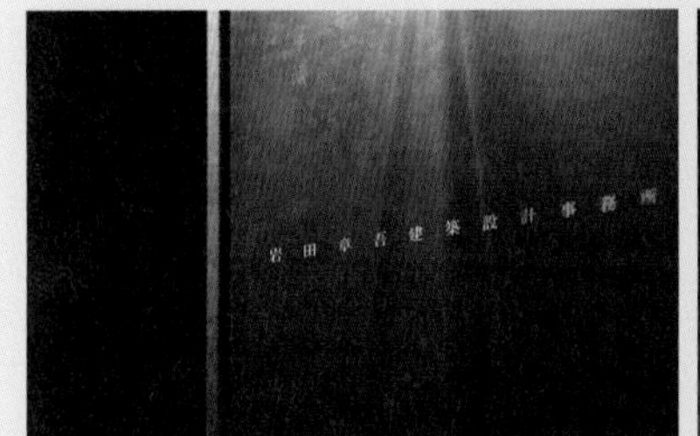

1

2

3

4

1 2階を打ち合わせスペース、3階をアトリエに。2階では、学生が集ってゼミの勉強会やトークの場などにも使われる。
2 壁面には本棚がぐるり。階段とともに宙に浮かぶようなつくり。
3 大きな机は約100年前のアンティーク。
4 スタッフが毎朝連れてくるルドルフくん。

大江一夫
Kazuo OE

大江てるみ
Terumi OE

大江泰輔
Taisuke OE

マニエラ建築設計事務所

兵庫

外観東面

2階フリースペース

アプローチ

玄関ホール

和室

House with boulevard trees

3つの庭を楽しむ家

Point

外観を落ち着いた色調とし、植栽をさらに引き立てるよう計画した。生地色の板張りの表情が温かみを感じさせるファサードとなっている。下屋の高さを統一し、一体的な浮遊感を演出した。門を抜けると奥行10mのアプローチに面した前庭が来客を迎え、玄関は南北の緑が繋がる抜けのある空間に。LDK上部は高さ6.7mの吹抜とし、南側のテラスに向かって大きく開いた構成とした。庭の植栽と前面道路の楓並木の2層になるような構成により奥行のある空間となっている。離れの茶室は南東を庭に囲まれた落ち着きのある聚楽壁の空間で、日々の疲れを癒すことができる場である。2階は廊下を中心に居室を配置することで家族間のプライバシーに配慮しつつ過ごしやすい計画とした。浴室・洗面室はホテルのようにゆったりとした空間となっている。天井へ規則的に並ぶ幅45mmの垂木が空間にシークエンスを与え、抜け感を演出している。

竣工年：2022年
所在地：兵庫県芦屋市
敷地面積：506.36㎡
施工：笠谷工務店
構造設計：うきょう建築構造事務所
造園：露地屋
写真撮影：松村芳治（松村写真事務所）

STORY

「住宅」を語る

建物の形や素材は、周辺環境や土地の歴史などに依るところも大きいですが、プランニングはできるだけ既成概念にとらわれないように心がけています。どの建築家も家づくりにかける情熱は同じだと思います。違うとすれば、おそらく時間や労力を惜しむよりもまずは、どんな要望も受け入れるということでしょうか。住まい手の思いを、不可能であってもまず一度検討し、その結果その通りにはならなかったとしても、私たちも考えていなかった結果が、そのプロセスの中から生まれたりします。

住宅における「公」とは、単に中庭や水盤のある空間ではなく、その空間を通して起こる光や風、音などの現象が、住まい手に対して心理的影響を及ぼすことを考えられた空間であると捉えています。公的な場所は生活の上での余情空間でもあると思います。日常の中にあるふとした変化を感じ取ることのできる場を考えています。日常の中で無意識に感じられる余情空間が、住宅に潤いを与えているのだと思います。

QUESTION

建築家へ8つの質問

A1. 陰翳礼讃（一夫・てるみ）　'60～'70年代ポップス（てるみ）　レオン、エンニオ・モリコーネ（泰輔）

A2. プルメリア（一夫）　松、竹、梅、桜（てるみ）　多肉植物、ジャカランダ（泰輔）

A3. ルイス・カーンのソーク研究所（一夫・泰輔）　待庵（てるみ）　ラテューレット修道院、バラガン自邸（泰輔）

A4. 和食（一夫・てるみ）　そば、肉（泰輔）

A5. 早朝の読書（一夫）　神社参り（てるみ）　観葉植物の手入れ（泰輔）

A6. つくりすぎない、余白がある（一夫）　自邸全てでくつろぎを感じます（てるみ）　日当たりのいい木陰（泰輔）

A7. 茶の間（一夫）　和室（てるみ）　テラス（泰輔）

A8. 生活を創造していける場をつくるためにも、何を捨て何を生かすか一緒に考えていきましょう（一夫）
毎日過ごす場所、意味、物、想いが人それぞれに違います。その想いを住まいの設計に入れ、
生活で息を吹き入れるところに我が家ができあがります（てるみ）
環境と融合した、住まい手の心地よい居場所がある空間の創造を考えています（泰輔）

大江一夫 Kazuo OE

1948年神戸市生まれ。1980年 マニエラ建築事務所設立。受賞歴多数。

大江てるみ Terumi OE

インテリアデザイナー。家具、照明などのインテリアデザインを担当。

大江泰輔 Taisuke OE

1972年兵庫県生まれ。1997年ミラノ工科大学修了。いくつかの設計事務所を経て、2002年 マニエラ建築事務所入社。2024年より所長就任。

マニエラ建築設計事務所

662-0067 兵庫県西宮市深谷町11-14
tel：0798-71-2802
mail：maniera@maniera.co.jp
web：https://www.maniera.co.jp/
SNS：Instagram @maniera_architectassociates
Facebook「GOGOManiera/」

web

1 もとは自宅兼アトリエとして設計された建物だが、近隣の高台に自邸を建てたこともあって、今では各フロアに事務所機能を分散。
2 地階ながら明るい日差しの差し込むスタッフルーム。
3 設計時に一夫さんが描く数々のスケッチ。
4 ミーティングルームは日当たりのいい1階に。居心地がよすぎて打ち合わせは長くなりがちだという。

大西憲司

Kenji OHNISHI

大西憲司設計工房

大阪

富田のコートハウス

光と風に包まれ、リゾート気分で暮らす。
寛ぎのコートハウス

Point

敷地はJRの駅から数分の所に位置します。9軒の隣家に囲まれており、空から見ると、ポッカリ穴が空いているように見える密集地の中にあります。狭い前面道路に2m接道した旗竿敷地を、建物と塀で囲み、セキュリティーとプライバシーを確保したコートハウスを考えました。アプローチの植栽や、中庭を中心に、菜園・東庭・バスコートを配して、それぞれの場所からのシークエンスを楽しめます。庭から光や風や空を感じ、木々の葉が風に揺らぎ、木漏れ日が射し込み、四季の移ろいと自然を感じられる家を計画しました。離れのご主人の書斎と、デッキテラス・外階段・ブリッジを設けて家の中を回遊でき、家族がより楽しく過ごせるように、昨年、2期工事も終えました。

竣工年：2020年
所在地：大阪府高槻市
敷地面積：191.47㎡
構造：木造2階建
構造設計：天野一級建築構造設計事務所
施工：西友建設株式会社
造園：山中三方園
写真撮影：福澤昭嘉

STORY

住宅の「庭」を語る

居心地の良い住まいを設計する上で、第一に考えているのは庭との関係です。どのような敷地条件でも、庭を取るように平面計画をしています。
敷地周辺の街並みや環境に配慮して、オープンの庭やコートハウス形式の壁に囲まれた中庭や坪庭、浴室から眺めるバスコートなどを取り入れることにより、内と外が一体につながり、空間に広がりが得られます。
植栽によるしつらえや、内部に差し込む光と影、さわやかに通り抜ける風など、自然や四季の移ろいを体で感じながら、心豊かに毎日の暮らしを楽しむことができます。

大西憲司

QUESTION

建築家へ8つの質問

A1. 司馬遼太郎、ニューミュージック

A2. ヤマボウシ、アオダモ、イロハモミジ、ケヤキ、ミツバツツジ

A3. ファンズワース邸、ソーク研究所、キンベル美術館、光の教会

A4. 妻がつくるおはぎ

A5. 散歩

A6. 自宅の茶の間

A7. 特になし

A8. 気持ち良い住まいを一緒につくりましょう。

大西憲司

Kenji OHNISHI

1948年 大阪府生まれ。1971年 近畿大学工学部建築学科卒業後、清水和弥設計事務所。1983年〜オーク建築研究所。1998年 大西憲司設計工房開設。

大西憲司設計工房

531-0072 大阪府大阪市北区豊崎3-15-4
ローツェII 502
tel：06-6292-0688
mail：o-kenji@mvc.biglobe.ne.jp
web：http://ohnishi-net.com/sp/

web

1 自身で設計した98年築のビルの一室をアトリエに。
2 設計作業は今も手書きで。
3 庭をどう配置するかには常に頭をしぼる。

小笠原絵理

Eri OGASAWARA

間工作舎／
一級建築士事務所

大阪

“フリースペース”は日々の暮らしの余白の空間

“空のリビング”からテラス越しに神社の森の景色広がる

樹々とともに時を経て
趣きを増す佇まい

吹き抜けの空にのびる樹々を抜け、
ブリッジ渡り玄関へ

和紙と畳と塗り壁と。素材を手仕事で活かす

質感醸しだす塗壁に光うつろう玄関ホール

"地のニワ"は地上から光とどくソトのリビング

地と空のニワがある家

まち中で、自然とともに暮らす

Point

"出会いの輪が広がる みんなの拠りどころを"。そんな家族の思いから生まれたお家です。まち中に居ながら、地下から空へと樹々のびる庭があることで、窓辺の景色や四季のうつろい、日々のお天気、窓いっぱいに広がる神社の森、自然と向き合う暮らしがここにあります。木や塗壁、和紙や金属を組み合わせ、素材を活かすつくり手たちとともにつくる暮らしの場は、表情ゆたかです。趣の異なる居場所がつどい、思い思いに居場所をみつけて日々発見。朝陽に目覚め日が暮れるまで、そのひとときが幸せに思える我が家です。ときを刻む愉しみがここにあります。

竣工年：2021年
所在地：大阪府吹田市
敷地面積：242㎡
構造設計：下山建築設計室
設備設計：B-Next Facility Design Office
施工：越智工務店
庭設計施工：杉景
写真撮影：髙野友実、山内紀人

STORY

住宅の「ともにつくる魅力」を語る

いま、70代後半のご夫婦と建て替えの計画を進めています。庭づくりが大好きで楽しみたい。でも、いずれ手入れができなくなる? これからの暮らしを想い、自分と家族と向き合い、話し合う。できること、できなくなることを考えた上で、最後まで我が家で過ごしたい。住むまちの一部として　次の世代につなげることができる我が家でありたい。

そんな想いを受けとめて、ともに課題と向き合い、暮らしを描き、キャッチボールを重ね、腑に落ちるプロセスを経てカタチに。そんな家づくりを、“今が楽しい”とご夫婦。ともにつくる私たちは、それがなによりうれしいこと。山越え谷越えて、望み描く暮らしが、きっと始められます。

私たちは“その人のここちいい居場所をつくる”引き出し役で伴走者。建つ場所とそこでの暮らしをもとに、“そのひと、住まい手家族の顔をした家”づくりが私たちの仕事。ともにつくる魅力です。

QUESTION

建築家へ8つの質問

A1. 本：星野道夫『旅する木』、他　映画：民族文化映像研究所のいくつかの記録映画　音楽：NHKのみんなのうた

A2. 季節を感じさせてくれる落葉樹いろいろ

A3. ジェフリー・バワのカンダマラホテル、他

A4. お出し料理、お豆腐

A5. ストレッチとときどき散歩

A6. 自然とともに過ごせる場所

A7. 戦前のこじんまりとした平屋の家すべてが大切な場所です。風が抜けて朝陽から夕陽まで光とどく気持ちの良い居場所です。

A8. 自分と家族と向き合う唯一無二のひととき、家づくりを楽しんで欲しいです。

小笠原絵理

Eri OGASAWARA

1961年熊本市生まれ。1985年 国立奈良女子大学卒業。大和ハウス工業、武市義雄/REA建築工房、木村博昭/ks architectsを経て、1992年間工作舎設立。受賞歴は、第2回関西建築家新人賞、日本建築士会連合会優秀賞、JIDビエンナーレ大賞など。

間工作舎／一級建築士事務所

561-0882 大阪府豊中市南桜塚2丁目4-14
tel：06-6856-4677
mail：kanog@tcct.zaq.ne.jp
web：https://kankousakusha.jp
SNS：Instagram @kankousakusha

web

1

1

2

3

3

1 一軒家をアトリエに。庭木も多く、住宅地ながら自然環境が身近。
2 昼はキッチンでご飯だけ炊いて、スタッフとともに食卓を囲む。
3 部屋のあちこちに、お気に入りのものたちが居場所を見つけて。

岡田良子

Ryoko OKADA

SpaceClip
一級建築士事務所

京都

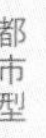

土間リビングから見る和室とキッチン。建具はすべて古建具を利用

大きな天井空間をもつ2階の寝室

和室の古建具からのぞくスケルトン階段

中塗りと白砂壁の2階ホール

1階はモルタル塗り、2階は漆喰塗り

モルタルの造作キッチン

IWAMOTO HOUSE

古いけどなんとなく新しいヴィンテージな町家

Point

100年前に建つ京町家の改修。何度か改修を重ねた住宅で、ファサードは昭和期にタイル貼の外観へと改修されていた。今回改築するにあたっては、いかにも町家という外観に戻すのではなく、改修された時代が後になって分かるようにモルタルの素地とし、1階の床、造作キッチンと同じモルタル仕上として統一している。また、入ってから奥まで見通せるようなプランとし、狭い空間を広く感じられるように連続させた。

竣工年：2021年
所在地：京都市中京区
敷地面積：59.05㎡
施工：アーキスタイル
写真撮影：岡田大次郎

STORY

Talk About「映画で気になる建築」

週末の夜、ドラマや映画を見て夜更かしをするのが、至福の時間。昔は難しい映画や難解な映画も見ていたが、最近はそのときの気分で勝手気ままに選んでいる。最近はなぜか若尾文子にハマっていた。マイヒットだった『しとやかな獣』は郊外にある公団住宅のシーンから始まる。戦後復興の高度成長期を迎えた日本で、騙し合いながら生きていく人間の表と裏、強欲さを描いた作品で、ドロドロとした人間関係が無機質な団地の中で展開していく。舞台になっていたのは晴海団地。晴海団地といえば、戦後復興の象徴的な公団住宅群で高層アパートは前川國男の設計。フランスのコルビジェのユニテは今も残っているのに、晴海高層アパートは残念なことに1997年に解体されてしまった。ちなみに映画の家族が住んでいる住まいは、高層アパートではなくその周辺の普通の団地なのだが、団地の室内と廊下、階段室だけが舞台のこの映画、今はもうなくなってしまった晴海団地の当時の様子や東京の風景を見ることができる。団地好きな人は、是非見て欲しい映画だ。

R.Okada

QUESTION

建築家へ8つの質問

A1. 建築の本：吉阪隆正『ル・コルビジェと私』 映画：ペドロ・アルモドバルの映画は全部
特に好きなのは『オール・アバウト・マイ・マザー』 最近よく聞く音楽：セロニアス・モンク

A2. 山紫陽花（唯一枯らすことなく、毎年咲かせている花）

A3. モダニズム建築と社寺などの古建築

A4. 焼き鳥のバラ

A5. 生け花の水替え、朝のYouTube

A6. 海が見える海岸、お寺の庭

A7. キッチンとダイニングテーブル

A8. 住宅は建築家が最初のお手伝いをして、あとは住む人が育てていくような気がしています。

岡田良子

Ryoko OKADA

1971年福岡県生まれ。福岡大学工学部建築学科卒業、GA総合建築研究所勤務後、2001年SpaceClip設立。設計事務所をやるかたわら、大喜書店を運営中。

SpaceClip一級建築士事務所

600-8059 京都府京都市下京区
麩屋町通五条上ル下鱗形町563番2
tel：075-741-6896
mail：info@spaceclip.jp
web：https://spaceclip.jp/

web

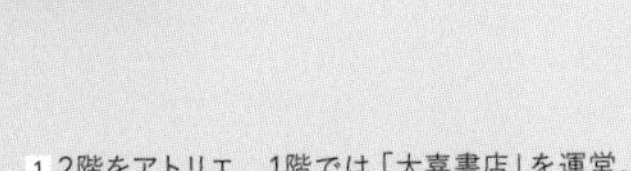

1 2階をアトリエ、1階では「大喜書店」を運営。
2 本屋の選書は「手にとって楽しくなる本」を中心に。
3 今年で108歳になる祖母が90歳で始めたという陶芸作品が置かれていた。

奥和田健

Takeshi Okuwada

okuwada

大阪

Kaimana farm

住居とキッチンスタジオ

Point

敷地は兵庫県の山間。東に山があり、南西へと開き、南側には地域に水を届ける湖のような池があった。この地で乗馬施設を営まれている家族が、本建築の建築主である。乗馬施設には来訪者も多い。そのため、来訪者が馬と触れ合ったあとに寛ぐことができる空間をつくること。そして、キッチンスタジオをつくること。あわせて、宿泊もできる住居スペースを設けることが主たる要望であった。アプローチに近い平場には、キッチンスタジオを計画した。そして、次の平場には住居を配置した。これら2つのゾーンをT型に繋げて緩やかに接合して平屋を構成した。キッチンスタジオの室容積を確保するため天井の高さを上げて、積雪への備えも含めて屋根を切妻状の勾配とし、本建築の特徴となる背の高い切妻屋根を構成した。また、夕陽を室内へと導くべく、屋根の妻部分に三角形のハイサイドライトを設けて夕空を共有し、水平開口部と共に、環境と一体となるように空間を計画した。

竣工年：2023年
所在地：兵庫県
敷地面積：1504.93㎡
写真撮影：山田圭司郎（YFT）

STORY

Talk About「夕刻、IWさん」

もう何年になるだろう。僕は同じ人(IWさん)に、クルマのメンテナンスをお願いし、IWさんに欲しいクルマを探して頂き、IWさんからクルマを買っている。クルマの性能やデザインも大切に思うのだが、クルマと共に生活する時間も長くなるので、クルマ屋さんとのお付き合いも大切だ。よいクルマ屋さんに出会うことは、自分に合った美容室を見つけることに似ているかなとも思う。
そもそも、僕自身、物は、人から購入したいと思っていて、物を購入した喜びよりも、売って頂いた人と話せることが嬉しく思ったりもする。人生の先輩でもあるIWさんも、そんな方で、話していると嬉しくなるのだ。
今日、IWさんが事務所までお越しになった。僕は、図面を描いていたのだけれど、久しぶりにお話ができることもあり、大きなテーブルへと移動した。IWさんのように、いつまでも接客のプロでいたいなと思う。お客さんのことを考え仕事をする中で、自分の人生も、そっと重ねながら生きていきたい。そして、建築家として、社会と接点を保ち続けることができれば、嬉しいなと思う。そんなことを、今日の夕方、考えていた。

okuwada

QUESTION

建築家へ8つの質問

A1. 本：relax（マガジンハウス／休刊中）、美術手帖（美術出版社）　映画：ベルリン・天使の詩（ヴィム・ヴェンダース）
音楽：クラブミュージック（80〜00年代）

A2. 山で自然に育った雑木。人間社会の中で暮らす我々の存在を、代弁しているように思うからです。

A3. 幼少の頃に育った、奈良の実家。はなれに部屋があり母屋から移動するときに通る外部空間で季節を知ることができたからです。

A4. NYにあるチェーン店のメキシコ料理のブリトー。セルフでトッピングをしてボウルに入れてサワークリームをかけて食べます。

A5. 昼ごはんを自分で調理して食べています。上手ではありませんが、料理が好きで作っていると時間を忘れてしまいます。

A6. 最近リノベーションした僕が住んでいる家が居心地よいです。居心地が良すぎて出勤を忘れ、スタッフから呼び出しが入ります。

A7. 季節を感じとれる場所を大切にしています。都会、郊外、山間など、それぞれの環境を受け止めていければと思います。

A8. はじめは、ハードル高く感じてしまうかも知れません。ただ、意外と話しやすいと言われています。
是非一度、トライしてみてください。

奥和田 健

Takeshi Okuwada

奈良で生まれ育つ。国立奈良高専 高等課程修了。音楽・デザイン・美術に打ち込んだ後、建築設計事務所に入所。2004年、奥和田健建築設計事務所を設立。事務所をライブスペースとして開放したイベント「4E-FES」を開催の他、音楽と建築と社会を結びつける企画を多数主宰している。

okuwada

543-0051 大阪府大阪市天王寺区四天王寺2-5-4
tel：06-7506-2677
mail：info@okuwada.com
web：https://okuwada.com/
SNS：X @okuwada_takeshi
Instagram @okuwada_architects

web

1 2023年、アトリエとは別に自宅の1階に自身の作業デスクを設けた。
2 18年前に購入した自宅の改装に着手したのは昨年のこと。2階のリビングは街にとても開放的。
3 アトリエ内でのパーティなどでは趣味のDJも披露。

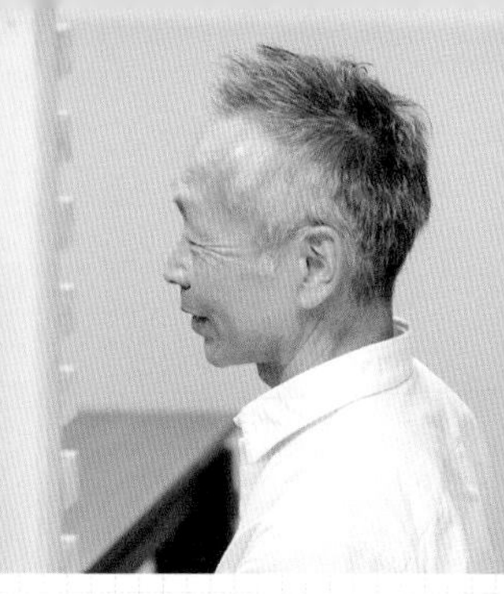

川添純一郎

Junichiro KAWAZOE

川添純一郎
建築設計事務所

兵庫

RIVER SEA

リゾート地に建つ平屋の別荘

Point

敷地は北で接道し、南の河川に向かって広がっています。川の河口付近に位置します。東西の隣地には既に建物があるため、川に向かう南北に建物の軸線を設定しました。計画では建物を大きく3つの用途に分けています。エントランス棟、ゲスト棟、メイン棟です。周辺環境へ影響を抑え、かつ3つの棟を機能的に分離して配置するよう、平屋としています。軸線を南に移動するごとにプライバシーを高めるよう、3つの棟の配置を検討しました。3つの棟は中庭を挟んでそれぞれの距離を保っています。軸線(path)は3つの棟と2つの中庭を貫き、空間をつないでいます。直線的な動きではなく、また正円の様な幾何学的でもない曲線です。pathを歩む途中に、2つの中庭やゲストのエリア等を通ります。pathの動線上では内と外との境界が曖昧になり、内外が一体となった空間を創り上げています。pathを介し空間を移動することで異なるシーンが連続し全体に変化を感じます。

施工年：2021年
所在地：兵庫県淡路島
敷地面積：1356.76㎡
構造設計：ルート構造設計事務所
設備設計：山崎設備設計
照明設計：スタイルマテック
施工：柴田工務店
写真撮影：松村芳治

STORY

Talk About「川添純一郎建築設計事務所」

タイムレス：時が経ってもその価値が損なわれることのないデザイン
ミニマル：より少ない要素でより豊かな建築の表現
内と外の空間の関係性：建築と外構、室内と庭の在り方を周辺環境、シークエンス、クライアントのライフスタイルをもとに検討しています。

家について：家は住む人の生活や、人生の移ろいを映し出し、住まい手のライフスタイルや人柄を表します。同時に街に対する接点でもあり社会的財産となり得るものです。心地よい空間、時間の経過を楽しむ佇まい、そのような家を一緒に考え形にしていきます。

川添純一郎

QUESTION

建築家へ8つの質問

A1. 本：『生きられた家』(多木浩二・著)　映画：『Blade Runner』(1982)　音楽：lounge

A2. 紅葉

A3. 初めて来ても、そこに住んでいても、落ち着いて過ごせ新鮮さを感じるような建築、タイムレスなデザイン

A4. 麺類全般（特に皿うどん）

A5. 水泳とヨガ

A6. 海の風が抜ける、木陰の空間

A7. 落ち着いて過ごせる、シークエンスを感じる

A8. 穏やかに過ごせる、心地よい空間。10年、20年…時の移ろいの中で感じる美しさ。
そのような建築を創っていきたいと考えています。

川添純一郎
Junichiro KAWAZOE

長崎県生まれ。九州大学工学部建築学科卒。2000年 川添純一郎建築設計事務所設立。現在にいたる。受賞歴は、第18回人間サイズのまちづくり賞 兵庫県知事賞、The International Design Awards（IDA 13th/USA）Gold受賞、2022 A' Design Award silver受賞、The International Design Awards（IDA 2022/USA）Gold受賞。

川添純一郎建築設計事務所

650-0041 兵庫県神戸市中央区新港町8-2
新港貿易会館2階11号
tel：078-327-6787
mail：kawazoede@kba.biglobe.ne.jp
web：http://www.kawazoe-a.com/
SNS：Instagram @kawazoe.junichiro.architects

web

1

1

1 2

3

3

1 アトリエがあるのは1930年築の近代建築内、かつての11号室。廊下にも雰囲気がある。
2 テーブルに使っているのは床の間用の板。
3 24mmのベニヤ板を好きな位置に差し込むことで自由にレイアウトできる自作の棚。

岸本貴信

Takanobu KISHIMOTO

CONTAINER
DESIGN

兵庫

外観夜景。街の中に「余白」をつくり行き交う人びとへの圧迫感を軽減すると共に街に表情を与えた

南側全景。軒先のみを隣地と揃え、ボリュームをセットバックし、街の中に「余白」をつくり、住宅におおらかさをもたらす

リビング・ダイニングから浴室側を見る。正面の壁は外装と同じ材とし、内外が入り込んだような仕上げとした

軒上の庭。まちの中にできた「余白」により、内外の緩やかな関係性が生まれる

玄関土間。コンクリート打放仕上とし、上階とは異なる雰囲気とした

寝室。鴨居の上は室の外と気積が繋がる

6mのキッチン。
ガラス屋根から光がたっぷりと入る

吹抜。家族の寝室を吹抜を囲むように配置している

余白

Point

敷地は交通量の多い幹線道路沿いに位置します。街路樹と店舗の軒先が単調に連続している街並みに住宅を計画するにあたり、軒のあり方、道路と歩道との関係性を再考し、行き交う人達に圧迫感を与えない空気のような居場所ができないかと考えました。具体的には歩道いっぱいまで建築するのではなく、軒先のみを隣地と揃えながら、家自体はセットバックさせています。軒上と軒下には植栽スペースを設け、立体的な庭とすることで、街の中にぽっかりとした「余白」を生み出し、喧騒を受け止めるような懐の深い設えとしました。内部も「余白」の延長として捉え、強固な壁で仕切るのではなく、様々な居場所が緩やかにつながっていくような作り方をしています。合理的で無駄がなく、どこか窮屈ささえも感じる街の中で、「余白」により家はどこまでも自由でおおらかな場所となり、自他共にホッとする安心感を与えてくれるのではないでしょうか。

竣工年：2022年
所在地：兵庫県神戸市
敷地面積：85.28㎡
構造設計：廣田右喬（うきょう建築構造事務所）
施工：ienowa produced by 中尾建設
写真撮影：冨田英次

STORY

Talk About「趣味は？」

趣味ってなんだろう。施主や工務店さん、仕事関係の方からたまに聞かれる、この「趣味は？」。20年以上前に陶芸教室に通っていた頃は陶芸。家族を持ってからはキャンプ。ここ数年は山を登ってるので登山。ここ最近は朝走るようになったのでランニング。よくよく考えてみるとそれ自体が好きでしているのではないことに気づく。ではなぜするのか。それはどれも頭の中が“無”になるから。どうやら僕は頭の中が空っぽの無の状態が好きなようだ。陶芸にしても、キャンプ(主に火起こし)、登山にラン。どれもそのときグッと集中してて頭の中が空っぽの無の状態。無になると頭の中がすっきりしアイデアがフワッと下りてきたりする。そんなことを続けていると、寝ているときや敢えて何も考えないようにしたときにアイデアが浮かぶ。何も考えてない無の状態で実はどこか潜在的に頭の中でアイデアを探っているようだ。その状態が実に清々しく気持ちがいい。となると趣味は「無になること」になるのだろうか。

"CONTAINER DESIGN"
Kishimoto

QUESTION

建築家へ8つの質問

A1. 伊坂幸太郎氏の小説は移動のお供です。読み進めるうちに物語にどんどん引き込まれ目的地にアッと言う間に着いてしまいます。

A2. 屋内ではエバーフレッシュ。昼間は葉を広げ夜になると眠るように閉じる、水をあげると生き生きと。その日その時の表情がいろいろ楽しめます。屋外ではミモザ。緑の葉もモフモフ、黄色い花もモフモフ、モフモフがなんとも言えません。

A3. 広瀬鎌二氏設計「上小沢邸」。CB壁と屋根、天井高さと地面との距離、開口部からの視界と室内の暗さ。水平垂直だけで場ができており今まで体感した建築とのスケール感の違いに衝撃が走り住宅設計に興味を抱くようになりました。

A4. 果物。中でも以前はずっと苺と答えてましたが、ここ数年前からは無花果に。
季節のもの、その時期その時にしか食せないのがまたよく、そしてあのプチプチ感。あと餃子。

A5. 朝のランニングと植物たちの水やり。そして洗濯。走りながらプランを考えることも。

A6. もう20年くらい、月に何度かの新幹線移動を繰り返しているせいか新幹線車内でしょうか。
仕事、読書、休息とその時々で一人の時間を楽しめます。

A7. 軒。軒の上下に庭を設えているのですが、外出から帰ってくると軒と上下の庭の緑が出迎えてくれ、
家に入ると2階リビングから上の庭の緑が幹線道路の騒々しさの干渉帯となり視界を豊かにしてくれます。

A8. 「家」とひとことで言ってもさまざまです。その場所の空気感であったり見える景色や感覚的なところを居場所として設えていくことが家になると考えております。平面で間取りを組み合わせるのではなく、SNSなどで情報がたくさん飛び交っているなか、家にかかわる言葉に惑わされずにそこに居て居心地の良い、ずっと居たいなと思える家に。

岸本貴信

Takanobu KISHIMOTO

1997年 福山大学工学部建築学科卒業。設計事務所勤務を経て、2007年 CONTAINER DESIGN設立。2015年に法人化し、個人住宅を中心に、全国各地で設計監理業務を行っている。

CONTAINER DESIGN

650-0024 兵庫県神戸市中央区海岸通3-1-14
大島ビル306
tel：078-335-5795
mail：info@cd-aa.com
web：http://www.cd-aa.com

web

2

1

3

1 アトリエは、小さなビル内にいくつもの個人店が入居する乙仲通沿いに。
2 竣工作品の模型や写真が置かれた打ち合わせスペースは、ギャラリーとして貸し出すことも。
3 窓辺の棚（自作）にはさまざまな植物が。

栄 隆志

Takashi SAKAE

Abax Architects

大阪

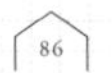

門や塀を設けずに街に開かれたアプローチ

木造と鉄骨を利用して大きなテラスを実現

リビングダイニングと繋がる2階のアウトドアテラス

対角線上に繋がるシークエンス

自然の眺望を満喫できる浴室

作業しながら神戸の街の眺望を得られる造作キッチン

軒先を薄く見せるため軒樋は屋根の途中で確保

西岡本の家II

神戸の海と山を感じる家

Point

神戸に住むということは、海と山を同時に感じることができる環境にあるということです。この敷地は神戸市東灘区の山の麓、住吉川沿いに面しており、素晴らしい眺望を得ることができます。この恵まれた環境を最大限活かすことができるように2階にリビングを配置し、その前にアウトドアリビングとなる間口7.4m、奥行2.9mの張り出した大きなテラスを木造と鉄骨のハイブリットで造りました。また1階の主寝室と浴室の前にも奥行2mの雨の日でも利用できる落ち着いた雰囲気のテラスを設けました。屋根のある半屋外空間を造ることは暮らしの幅を広げることに繋がると考えています。
もともとあった敷地の高低差を利用し、土の移動を最小限に抑えるためにスキップフロアを採用し、各部屋が半層ずつ繋がりながら重なっていく空間としています。
自然の緑が広がる西面は一日中太陽の光が当たるため、昼の眺望として機能しており、風で揺れ動く葉の揺らぎを楽しむことができます。また夜の眺望として南面に広がる神戸の街の夜景を堪能することができます。

竣工年：2022年7月
所在地：神戸市東灘区
敷地面積：288.38㎡
施工：越智工務店
写真撮影：笹の倉舎

STORY

Talk About「建築家とわたし」

「いい仕事ですね」。今までに会話の中で人に言われたことが何度かある。そう、建築家のことである。クライアントから設計料をもらい、自分で考え、どんな小さなものでも街の中に残っていく。それゆえ、変なものを造るとそれもまたずっと残ってしまうので手が抜けない。本当にいい仕事だと思う。でも人から「職業は?」と聞かれると、つい「建築の設計をしています」と答えてしまう。私自身、日本建築家協会JIAに所属して活動をしているので建築家と言えば良さそうなもんだが、どこかに恥じらいがあり堂々と名乗れない自分がいる。なぜだろう、自分に自信がないのと自己肯定感が低いのである。このタイプには犯罪者が多いと聞くので気を付けないといけない。そういえば小学校卒業時の寄せ書に「不言実行」と書いてしまった。今の時代は「有言実行」という人が多いのだが、昔は自分を飾らず黙ってやることはやるというのが武士道の精神であり、美徳であった。生意気なガキだ。でもその頃から変わらない自分がいる。こわっ。

Sakae

QUESTION

建築家へ8つの質問

A1. 少し硬めの文章が好きです。浅田次郎、高村薫、辻邦夫、天童荒太、平野啓一郎etc.
最近気になる本は斎藤幸平とY・N・ハラリの本。映画はNetflixで見る欧米、韓国のドラマ。音楽はColdplayかな。

A2. 基本的に植物が好きなので、気になるものがあるとつい買ってしまいます。そのため事務所も家も緑だらけに。
増えすぎて新しく買えないのが残念。

A3. スリランカにあるジェフリー・バワのカンダラマホテル。今まで訪れたホテルで最高の建築。
廃墟を感じながら自然と融合した建築。「建築は語るものではない、体験するものだ」。名言です! 合掌。

A4. おいしいものを食べるのは趣味の一つ。おいしい食事を提供してくれるオーナーシェフのお店をいつも探しています。
どちらかというとワインや日本酒が飲みたいからかも。

A5. 朝起きて生きていることに神に感謝をささげます。嘘です。
何かをしなければならないというのが嫌なので日課を作ることを避けています。

A6. 自然の中に身を置くことはもちろんですが、光や影、風、音など五感が研ぎ澄まされ、時の移ろいを感じられる空間。

A7. 今でもマンション暮らし。自分の住まいは大事にされていませんでした。現在26年住んだマンションのリフォームを計画中。

A8. 安心安全、機能や性能優先の住宅は、AIが上手に設計してくれる日が我々が考えているよりも早く来るでしょう。
本来、アナログな存在である人間が造り上げ、感じ取れる優しい住まいや空間を一緒に考えていきたいですね。

栄 隆志

Takashi SAKAE

1961年神戸市生まれ。1986年 神戸大学工学部建築学科卒業。1986年 株式会社AAA総合設計入社。1992年 SAKAE建築研究所開設。2000年 有限会社アバクス・アーキテクツ設立。

Abax Architects

550-0011 大阪府大阪市西区阿波座1-7-12
東新ビル203
tel：06-6533-2551
mail：info@abax-arc.com
web：https://abax-arc.com
SNS：Instagram @abaxarchitects
Facebook「Abax Architects」

web

1 植物に包まれるようなアトリエ。週2回の水やりは植物と会話しながら自ら担当。
2 マダガスカルに自生するウンカリーナの木など、貴重な植物も。
3 自身のデスクの後ろには文芸書から哲学書まで、最近手に取った本がずらり。

榊原節子

Setsuko SAKAKIBARA

榊原節子建築研究所

大阪

大阪市内の幹線道路沿いに建つ店舗併用住宅。戦前から続くカメラ店の建て替え

ガラス屋根による「にわ」。光や空の風景を住居内に取り込む

ガラス屋根からの光は、さまざまな陰影をつくりだす

「にわ」を散歩するように、各階をさまざまな階段で結ぶ

店舗とスタジオ、上階の住居を
「通り土間」のようにらせん階段で結ぶ

1階カメラ店舗。
歩道から入りやすい土間空間

2階スタジオからは、
街の風景と人の動きをのぞむ

1階の店舗から2階スタジオの
気配が伝わるスキップフロア

天六マチヤ

町家を縦に再構成する

Point

大阪市中心部の幹線道路に面した、戦前からつづくカメラ店の建て替えである。職住一体の町家は、往来側に「みせ」を構え日常生活空間である「おく」へと繋がるのが一般的だが、本計画では道行く人々が立ち寄る1階を店舗とし、2階の撮影スタジオ、上階の住居にいくほど私的性を帯びていく構成とした。また店舗と住居を結ぶ螺旋階段を「通り土間」、住居内にはガラス屋根による「にわ」を取り入れ、縦に再構成することで新しい町家をつくることを考えた。

竣工年：2018年4月
所在地：大阪市北区
敷地面積：67.56㎡
施工：岩鶴工務店
構造設計：tmsd萬田隆構造設計事務所
写真撮影：小川重雄

STORY

Talk About「旅」

いま振り返ると現実逃避だったと思います。大学時代、アルバイトをしては海外を放浪することを繰り返していました。家族や友達、社会から切り離され、知らない場所にポツンと一人、透明人間になるような感覚が好きでした。バイタリティ溢れる香港、生と死や富と貧など全てが存在するインド、礼拝の声が響くアヤソフィア、寝台列車で降り立ったパリ北駅の朝など、異国で出会うすべてに、空っぽの心が少しずつ満たされる感覚でした。

その後、事務所を立ち上げた頃は仕事がなく、2ヶ月間冬の欧州をまわりました。今度は建築を見に。ローマの遺跡からロマネスクやゴシックの教会、ル・コルビジエからOMAまで。ぎゅっと詰め込みましたが、体験できる嬉しさに加え、独立したての開放感やひとり時間の楽しさを満喫しました。旅に誘われるのは、自由でいたいから。またそろそろ出発したい頃です。

さかきばら せつこ

QUESTION

建築家へ8つの質問

A1. 暗記するほど、繰り返し読む好きな本2冊。『父の詫び状』…凛と生きながら、人間味あふれる向田邦子さんに憧れます。『深夜特急』…沢木耕太郎さんのルポを高校時代に読み、大学時代の旅の原動力となりました。

A2. ミモザ。春の来訪を伝える、黄色の可憐な花々が好きです。

A3. 詩仙堂丈山寺（京都市左京区）、ラ・トゥーレット修道院（ル・コルビジエ設計）、東京カテドラル聖マリア大聖堂（丹下健三設計）。丹下さんの大聖堂で感動にふるえ、建築をやろう！と決めました。

A4. めん類。麺類は人類の仲間だと思っているほど、大好物です。

A5. 朝夕の犬の散歩。目覚めはじめた街を全身で感じる朝が、とくに好きです。仕事中もいつも一緒にいる愛犬ハチといっしょに。

A6. 祖父母の家の広々とした畳間。庭先から仏間へ、光の陰影が感じられる空間。

A7. 街と暮らしをつなげること。設計アトリエと住居を一緒にしています。商店街に面した開放的なアトリエで、いつも「外」を感じながら設計をしています。

A8. 建築は、夢と希望を抱いて生まれます。そのワクワク感と伴走しながら、人と街に愛される建築をつくることを目指しています。

榊原節子

Setsuko SAKAKIBARA

1970年愛知県岡崎市生まれ。1993年 名古屋大学経済学部卒業。2009年 榊原節子建築研究所設立。大阪芸術大学で非常勤講師を務める。2013 SDレビュー朝倉賞ほか、多数受賞。

榊原節子建築研究所

553-0007 大阪府大阪市福島区大開1-10-4
tel：06-6131-4517
mail：info@setsuko-sakakibara.com
web：http://www.setsuko-sakakibara.com
SNS：Instagram @setu.sakaki_archi

web

1 商店街に面した自宅兼アトリエ。通りを歩く人からもアトリエ内がよく見える。
2 つくりつけの大きなテーブルで仕事も打ち合わせも。鉄骨をアレンジした照明もオリジナル。
3 現アトリエに引っ越してきた3年前から飼い始めたハチ。すっかり商店街のアイドルに。

坂本昭

Akira SAKAMOTO

設計工房CASA

大阪

北東外観

1階玄関 トップライトから光が落ちる

2階前室 前室から居間吹抜空間を見る

1階居間 食堂及び厨房を見る

1階食堂 庭を見る

2階廊下 吹抜を通じて1階玄関と繋がる

姫路の家

ボリュームが貫入する吹抜空間

Point

兵庫県姫路市の閑静な住宅街、北と東の道路に面する角地に住宅は位置しており、夫婦と3人（現在は4人）の子供がそこに住まう。前面道路より幾重にも重なる壁と分節されたボリュームは、街に対して凹凸のリズムを作り、内外を隔てる緩やかな境界線を生んでいる。陰りのあるポーチを抜けると途端に視界は明るくなり、玄関上部の天窓から射し込む陽光が来訪者を優しく迎え入れる。廊下から食堂にかけて低く抑えられた先には、高さ5.1mの居間が現れ、この空間には2階読書スペースのボリュームが貫入し、居間と上階空間を微かに結びつけている。宙に静止するボリュームは、生活を彩る光や陰の移ろいを空間に映し込み、心地のよい静けさを生み出す。

竣工年：2020年
所在地：兵庫県姫路市
敷地面積：280.99㎡
写真撮影：松村康平

STORY

Talk About「アーキテクチャー」

建築はその時代における文化を象徴するものであり、社会に対し物理的・心理的にあらゆる影響を与えてきた。一方、住宅は人々の生活の根幹であり、家族を形づくる場であり、住まう人の人柄を表す「顔」ともいえるだろう。人それぞれに個性があるように、人の生活にも様々な違いがあり、既成の空間に自分を合わせるのではなく、自分の空間に身を置くこと。そして利便性を追求した空間だけではなく、季節の移ろいを伝える緑や風、刻々と変化する光と影、自然が豊かに映し込まれる空間をつくること。そこには、凛とした心地よい緊張感と穏やかな空気が流れ、自然が人々を柔らかく包み込み、その家族の顔となる空間が生まれると考えている。

坂本 昭

1

2

坂本 昭

Akira SAKAMOTO

近畿建築構造研究所を経て、1982年に坂本 昭・設計工房CASAを設立。2012～2017年 近畿大学建築学部建築学科 特任教授。2017～2021年 岡山県立大学大学院デザイン学研究科 非常勤講師。2018～2019年 近畿大学建築学部建築学科 非常勤講師。

設計工房CASA

550-0015 大阪府大阪市西区南堀江1-14-5
tel：06-6537-1145
mail：casa@akirasakamoto.com
web：http://www.akirasakamoto.com

web

1 自身で設計した「白いアトリエ」は2000年竣工。3階にあるアトリエは奥行きあるテラスもあって、大阪・南堀江とは思えない静けさ。
2 アトリエ内には薪ストーブも。
3 長く親交のある黒田泰蔵の水盤をはじめ、アートピースやデザインチェアが随所に配されている。
4 建物全体にトップライトから差し込む光が優しい。

清水裕且

Hiroaki SHIMIZU

環境デザインワークス

徳島

外観（北西）。既製品は使用せずすべて造作の木製サッシ

薪ストーブの放射熱は土壁に蓄熱される

窮屈にならないように水廻りコア上部もアクリルで仕切る

格子越しの光が美しく外に漏れる

真壁で構造材はすべて現し

キッチンや収納家具もすべて木製オリジナル

小さな石場建ての家

未来の古民家へ

Point

手入れをしながら大切に住み継がれ、「未来の古民家」となるよう設計しました。そのために、新築時がいちばん美しい新建材を使用せず、無垢の木や石、土など経年変化して「古美（ふるび）る」自然素材で構成しています。また百葉箱からヒントを得て、床面を地面から約1.5m上げた高床にしています。そうすることで、太陽光の照返しや湿度、水害対策だけでなく、維持管理もしやすく、風が通るのでシロアリ被害の心配もありません。構造的特徴として、耐力壁は貫と土壁で構成し、接合部は釘などの金物を使用せず、大工さんの継手・仕口加工による木組としています。また、足元は石場建てとし、柳の木のような「柔」構造によって地震力を逃しています。間取りはシンプルに、水廻りをコアにした行き止まりのない回遊性プランとし、玄関から奥に進むにつれプライバシー度を高め、小さな住宅でも「真・行・草」と空間が「奥ゆかし」く移ろうことを意識しました。

竣工年：2019年12月
所在地：徳島市大原町
敷地面積：266㎡
構造設計：川端眞（川端建築計画）
写真撮影：米津 光

STORY

Talk About「旅」

コロナ前は年に一度は海外建築ツアーに出掛けていました。さまざまな国でさまざまな名建築を実体験することは何よりも勉強になります。日本国内の建築巡りももちろん勉強になりますが、やはり異国文化の中で建築を体験するとより刺激的です。
海外へ旅に行けば行くほど、自分は日本でどんな建築をつくるべきだろうかと考えるようになりました。私が海外で感動したのと同じように、海外の人が日本に来た時にどんな建築に感動するのだろうかと考えました。その答えは、その土地の文化や気候風土に合った土着建築でした。つまり外を体験すればするほど内（日本建築）に興味が湧いてきました。
このように旅は大切なことを気付かせてくれます。旅をしなければ絶対に持ち得ない視点を与えてくれます。しばらく行けなかったので、もうそろそろ海外へ旅に出たいなとうずいています。

清水裕且

QUESTION

建築家へ8つの質問

A1. ジャンルを問わず基本的に何でも読み、鑑賞し、聞きます。

A2. 植物を好き嫌いの対象として捉えたことがありません。

A3. 古今東西の名建築。特に民家などを含めた日本の古建築。

A4. 好き嫌いは全くありません。

A5. 歩きながら考えること。

A6. 日本建築の縁側など。

A7. ワーキングスペース

A8. お客様、職人さん、建築家などたくさんの人たちが協力してはじめて建築はできあがります。
一緒にいい建築をつくっていきましょう！

清水裕且

Hiroaki SHIMIZU

1975年徳島県生まれ。1994年 富岡西高等学校卒業。2001年 東京理科大学理工学部土木工学科卒業。建設会社勤務後、独学で建築の世界へ。2009年 環境デザインワークス開設。個人住宅や商業施設、店舗インテリア、プロダクトデザインなどジャンルを問わず設計活動を行なっている。

環境デザインワークス

770-0815 徳島県徳島市助任橋1-24-1
WITHビル3F
tel：088-624-8373
mail：e_design_works@clear.ocn.ne.jp
web：https://e-design-works.com/
SNS：Instagram @e.design.works

web

1 1985年築、安藤忠雄設計のテナントビルの1室をアトリエに。
2 建築書に留まらない、文芸や芸術など様々なジャンルの本が並ぶ本棚。
3 自身のデスクの後ろには、プレゼントされたというル・コルビュジエの写真。

眞野サトル

Satoru SHINNO

ARCHIXXX
眞野サトル
建築デザイン室

大阪

都市型
郊外型
平屋
コートハウス
別荘
併用住宅
エコ住宅
改修
2世帯住宅

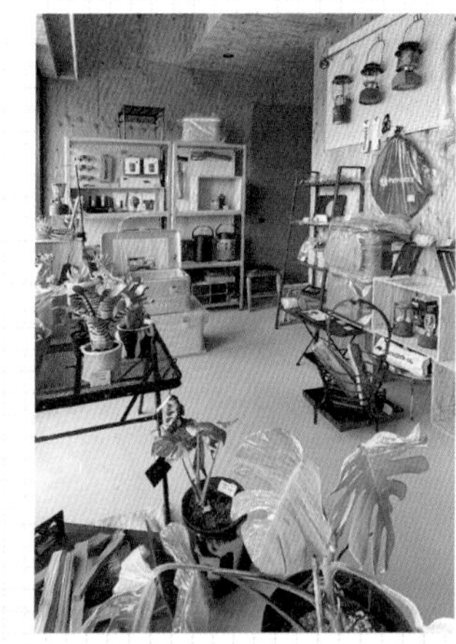

陸前高田の住まい

軒先と記憶と普遍性

Point

陸前高田市は岩手県南東部にある、三陸海岸の中核となるまちです。東日本大震災により大きな被害を受けましたが、商店を再興するために住まい手とプロジェクトに取り組みました。高台移転により街の景色は異なってしまいましたが、商店街を形成するお店は以前のお隣さんと同じ人々です。あの日の景色が少しでも戻ってくることを願いながらやさしい住まいを考えました。我々としても東北での初めてのプロジェクトはまず、現地の気候や風土、慣習を調査し理解することから始まりました。少しでも元の景色を取り戻すこと、難を逃れた祖母と夫婦一家が安心できる住まいを作ること、未来を考えて定年後にこの地で趣味を生かした雑貨店が営めることなどを想像して、丁寧な暮らしができる住まいを考えました。特徴としては住宅と店舗をつなぐ土間、軒先を曲げた屋根などがあります。

竣工年月：2022年6月
所在地：岩手県陸前高田市
敷地面積：404.64㎡
構造：木造平屋建
構造設計：玉木建築設計事務所
写真撮影：冨田英次

STORY

Talk About「変わらないもの」

10年近く前から365日、ピンク色のコンバース オールスターを履いています。このシューズはシンプルなデザイン、コストパフォーマンスで世代を超えて多くの人々に支持されています。
さらに言えばおじいちゃんから子供まで皆が知っている稀有な存在です。そういえば昔はバスケのシューズでした。
この普遍性の背景には、過度な装飾や複雑性を排除し、本質的な部分に焦点を当てるデザイン思考があると言えるでしょう。住まいの設計も変わらない住まい、すなわち普遍的なデザインの住まいは、時代やトレンドに関係なく、人々の暮らしを豊かに支えてくれます。住まいは、安全性、機能性、快適性が重要で、かつ飽きないデザインとすることで、普遍的で長く愛される住まいを実現できそうな気がします。
普遍的なデザインの住まいを目指すには、オールスターのように本質的な部分に焦点を当て、過度な装飾や複雑性を排除することが鍵となるでしょう。そんな住まいをつくりたいと思っています。

QUESTION

建築家へ8つの質問

A1. パルプフィクション

A2. 植物なら全部

A3. 普遍的な建築

A4. チョコレート

A5. 10km以上歩くこと

A6. 事務所

A7. 特になし

A8. 家づくりは奇をてらうのではなく、ごく普通の要望を出来るだけシンプルに組み立てて、小さなこだわりやきっかけをヒントにして、大きな住まいの形へと繋ぎ合わせて丁寧な住まいを造りたいと思っています。

眞野サトル

Satoru SHINNO

1971年大阪市生まれ。1991年 中央工学校大阪建築室内設計課卒業。1999年 共同設計株式会社退社。2002年 ARCHIXXX 眞野サトル建築デザイン室を設立。

ARCHIXXX
眞野サトル建築デザイン室

530-0054 大阪府大阪市北区南森町2-4-34
tel：06-6364-5640
mail：office@archixxx.jp
web：www.archixxx.jp
SNS：Instagram @archix_shinno
Facebook「archixxx.jp」

web

1 大川沿いにある打ち合わせ用のスペースにて撮影。他に南森町のアトリエ、堀江のシェアオフィスと目的別に事務所を使用。
2 週に1度、近所のシェアキッチンでスパイスカレー店「Janaai」をオープン。この経験が飲食店の設計にも活かされるという。
3 窓から天神橋と大川がのぞめる気持ちのいい立地。

角直弘

Naohiro SUMI

一級建築士事務所
DNA

京都

前庭。アプローチから出入り口を見る

リビング、ダイニングから中庭を見る

ダイニングからリビング。奥に南庭が見える

キッチンよりリビングを見る

スチール格子により吊られた階段

造り付けの照明、特注の長さ3mのテーブルのあるダイニング

南庭とつながる軒深いテラス。ルーバーとガラスによる軒天が夏の光をさえぎる

奈良の庭屋

環境と共鳴する5つの庭をもつ住まい

Point

検討中の他社数案を見せてもらうと、全ての案が敷地奥の南側にリビング、北側道路にガレージ、玄関、水周りといったプランです。大きな敷地のはずなのに、あれこれと窮屈な印象でした。敷地調査では北方に大きめの池があるせいなのか、南北に抜けるとても気持ち風が吹き抜け、この風が素直に抜ける計画がふさわしいと思いました。そこで南北に「南庭」⇆「LD」⇆「中庭」⇆「ガレージ」⇆「前庭＋ガレージ」を配し、西側には私室、水回り等生活のための諸室とし、明解なゾーニング・全体構成としました。要望にあったRC造、リジッドな形態、屋外ガレージを設けるため、ハードになりがちなファサードになるので、緑豊かな周辺環境とのギャップを埋めるべく、「前庭」には、樹高7mのアオダモを植えるなど、周辺に溶け込みつつも共鳴するようなデザインとしています。敷地全体としても、前庭を含めた5つの庭をもうけ、いろんな部屋から緑を感じられるプランとしました。

竣工年：2018年
所在地：奈良県奈良市
敷地面積：481.88㎡
構造：柳室純構造設計
造園：荻野景観設計

STORY

Talk About「家～家族としての記憶」

まちや都市の歴史的・文化的・風土的な連続性、継続性に欠けた風景は魅力に欠けた景色になってしまうことを明治～昭和の近代化を併走してきた日本人にはよくわかることかと思います。過去の歴史、風景の連続性を担保することは、街並み、都市風景を懐の深い重層的なものにします。

一方、家族制度はどうでしょうか。核家族化の進行、単親世帯の増加、人口減少、宗教離れ等、伝統・慣習的な継承が難しくなっています。家の高耐久化は進む一方、慣習継承の希薄さが住宅生産体系のスクラップアンドビルドを持続させるのかと危惧します。家族…その「族」としての連続性の消失は未来の文化にどのような影響を及ぼすのでしょうか。「家」は人生の記憶のベースに刻まれるものだと思います。伝統・慣習が失われ、家族の形が変わっても、ひとりひとりにとって美しい記憶の原風景としての「家」を大切にしてもらえるような、未来への文化の端緒となるものを丁寧につくっていきたいと思います。

N. S

QUESTION

建築家へ8つの質問

A1. 映画『2001年宇宙の旅』。意外と永く生きてきたのにモノリスには出会えず猿のままだなあ…と。早く人間になりたいです。

A2. 着生植物。地面から解放されつつも、ひとりでは生きられない寂しさがあります。

A3. サン・カルロ・クワトロ・アッレ・フォンターネ聖堂。
これを経験し、わかった気になり、建築家になってももいいんだと思った20代前半の夏でした。

A4. 白ごはんをあてに日本酒をいただきます。

A5. 緑への水やりとミスティング。毎日決まった朝食をつくる。
お気に入りのグラインダーで珈琲豆をひき入れて飲む。洗濯を干す。頭がフラットな心穏やかな時間。

A6. 楽天的なのでその場、状況を楽しめるようにマインドセットするので、ほとんどの場所が居心地いいんですが、
あえて言うなら日曜日の誰もいない事務所。その午前中の空気感。

A7. キッチンをバージョンアップしたいと思っています。飲むこと、食べること、つくることを大事にしたい。

A8. 素敵な家がたくさん掲載されていると思いますが、いずれも他人の家です。
あなたのあなたらしさを表現する家を素敵な建築家と一緒に発見し、つくって、そして大事に使い続けてください。

角 直弘

Naohiro SUMI

1964年大阪府生まれ。1988年 京都府立大学生活科学部住居学科卒業。1988年 高松伸建築設計事務所。1993年 角直弘建築設計事務所開設。1996年 設計組織DNA結成。

一級建築士事務所 DNA

600-8093 京都府京都市下京区
高倉通綾小路下ル竹屋町393-5
tel：075-354-5115
mail：info@den-nen.ne.jp
web：https://www.den-nen.com/
SNS：Instagram @dna_architecture_realestate
Facebook「dna.kyoto」

web

1 京都の路地奥にある物件を改装してアトリエに。
2 明治40年築という建物、梁にその趣きがある。
3 2階の作業スペースに5人の設計スタッフ。自身はもっぱら自宅で。

関谷昌人

Masato SEKIYA

PLANET Creations
関谷昌人
建築設計アトリエ

京都

コノイドの曲線によるダイナミックな空間

正面から外観を見る

窓を引き込むとリビングとデッキが連続する

曲面から生まれる半円形の窓

窓を引き込むとリビングとデッキが連続する

モザイクタイル張りの屋根

3つの曲面が連続する屋根

香芝の曲り家

コノイド曲線の屋根を持つ家

Point

80歳になる婦人のための住宅。緑に囲まれた山荘のような住宅に住みたいとの希望から、住宅街のはずれの緑地に隣接した土地を購入後、設計を依頼された。木々と上手く調和する住宅を考える時、平屋の場合、屋根の形状が最も重要となる。直線で構成され棟や谷の接合部がいくつもある屋根ではない、もっと緩やかでやわらかい屋根を作ることが出来ないかと考えた。そこで構造はコノイド面を構成する3つの曲線を持つ屋根として中庭を囲むよう、変形の敷地のアウトラインに沿って3つのエリアで構成した。最も頭を悩ませたのが屋根の素材だったが、予算と性能を合わせてFRP防水をした上にモザイクタイルで仕上げることとなった。新しい屋根のデザインが出来たと考えている。内部空間は梁が作り出す曲線がのびやかな空間を作り出し、建具を全開すると庭のデッキと直接連続するリビングダイニングが、居心地のいい緑豊かな半戸外空間となり、広々とした住空間となった。

竣工年：2020年
所在地：奈良県香芝市
敷地面積：275.33㎡
構造設計：中田捷夫
施工：ビショップデザインファクトリー
写真撮影：高橋菜生

STORY

Talk About「車」

ボクは左ハンドルMTのスポーツカーに乗っています。仕事では滅多に使いませんが、なぜそんな面倒くさい車に乗っているの？ と呆れられます。自分で操っている感じがAT車と比べると心地よいのか、他の人がパッと運転できないと思うとやはり愛着が湧いてくるものです。最近では車も便利になっていて、安全装置など色々な機能がついています。そのうちみんな全自動運転になってしまうんでしょう。今までは各社がエンジンやサスペンションやデザインを競い合っていましたが、段々と「車」から「乗り物」へと変わっていく、自分の体の延長にあったものが少しずつ離れていってしまうようで寂しくもあります。ボクにとって車は、侍の鎧や刀といったようなもので、エンジンを掛けると、さぁ行くぞという感じでモチベーションが上がるものです。昔のお侍さんも鎧を身に着けて腰に刀を下げた時、そんな気分になったのかもしれません。ワシのはどこぞの誰々の名刀やと思って勇んで出かけるわけです。

M. Sekiya

QUESTION

建築家へ8つの質問

A1. エラリークイーン、クロフツ、ラブクラフト、泉鏡花、E.ブロンテ…学生の頃にあらゆる文学を読みました。

A2. サボテン。春の田んぼのあぜ道に咲く小さい花。名前はわかりませんが、得した気分に。

A3. フランク・ロイド・ライトのマリン郡庁舎

A4. お蕎麦。京都の有喜屋さんしか食べません。

A5. 筋トレ。肩こりに良いです。

A6. 自分のアトリエが一番落ち着きます。ワーカーホリックです。

A7. ネコのハコ。2匹いるネコはそれぞれ好きなブランドの箱に入ります。アスクルとアマゾンが2大ブランド。

A8. 私に限らずこの本に出ているのはそれぞれの建築家のたった一つの作品です。私もこちらの「香芝の曲り家」以外には全く異なるテイストの作品がたくさんあります。住む人が違い、敷地が違い、周りの環境も予算も全く違う、同じ家ができるわけがありません。そのプロジェクトごとの住宅を全力で考えています。

関谷昌人

Masato SEKIYA

1956年高知県生まれ。武蔵野美術大学卒業後、住宅メーカーの設計部門に勤務。1994年から山本良介アトリエに通い指導を受ける。2001年「PLANET Creations 関谷昌人建築設計アトリエ」を設立し独立。

PLANET Creations
関谷昌人建築設計アトリエ

【京都アトリエ】
606-8311 京都市左京区吉田神楽岡町33番地1
【奈良アトリエ】
639-1107 奈良県大和郡山市若槻町1-15

tel：075-200-6049
mail：sekiya@nara-i.net
web：https://planet-creations.jp/

web

1

1

2

3

1 京大生の暮らしていた文化住宅を買い取って壁を抜くなどした、趣きのある京都のアトリエ。奥には茶室も。
2 机にはあえてパソコン類は置かず、鉛筆とiPadが仕事道具。机は師匠である山本良介さんからいただいたものを約30年使い続けている。
3 購入したものや預かっているものなど、たくさんの絵画が。

竹原義二

Yoshiji TAKEHARA

無有建築工房

大阪

東松山の家

扇形に重なる正方形の2つの棟が示す 2世帯3世帯の住まい

Point

建主は町医者で医院の向かいに60年前に建てられた2世帯住居があったが、両親が最期の時を生き存える“終の棲家”と新たな家族などを包み込む“始の棲家”をと思い住まいの計画が始まった。敷地は東松山市北部の森の木立と5mの斜面に囲まれており、1階をRC造、2階と屋根を木造の混構造とし、コーナー窓と吹抜から眺望を取り入れた。平面は正方形の2つの棟を30度振ることで2世帯がつかず離れずの関係を保つ。東棟は前室と間室が土間と内縁の関係をつくり、土間から室内へ、水回りをコアとする内外回遊式の一室空間を構成し、慣れ親しんだ庭に寄り添って浴室、窓台、寝室を配した。ホール1は2世帯のつなぎの間となり、子世帯は30度振られた西棟へ誘われる。2階には2つの室が入れ子状に浮かび、ブリッジにより大屋根の下の棟をまたいで自立した関係を保つ。四季折々パノラマに展開する外界の豊かな表情に恵まれ、彩り深く幾度も回帰する家となった。

竣工年：2013年1月
所在地：埼玉県東松山市
敷地面積：624.86㎡
施工：時田工務店
写真撮影：絹巻 豊

STORY

「人の住まいの関わり」を語る

住宅の設計を進める時に、まず最初に考えること。それは、建主が今なぜ家を建てようとしているか、ということである。家族は何人か、土地の状況は、予算は…など無限に拡がる現実的な条件や欲求を整理しながらプランをまとめるプロセスが必要不可欠ではあるが、重要なのは「そもそもなぜこの家族は家を建てるのか?」なのである。何でもないような問いだが、意外と誰もがはっきりとは言葉にしない、できないものだ。その本質や根底が、善くも悪くも建築には還示される。そうした家族の、そして魂のようなものがきちんと内包され、温められた図面には、その家族の何年か先の姿や暮らしのシーンが思い描かれている。潜在的な住まいの可能性を開き、体現するためには、いかなる住宅においても立ち還る原点が必要だ。間取り、仕切り、それらがいかに自由で、いかに豊かなものになるか、それらの過程を経た上で建築がつくり上げられる。

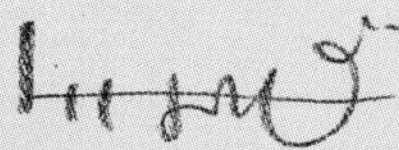

QUESTION

建築家へ8つの質問

A1. ジャック・タチの映画

A2. ヤマボウシ

A3. 津田永忠の仕事、閑谷学校(1673年)

A4. 鯖寿司

A5. 「鷲田清一の世界 折々のことば」を読むこと

A6. 季節の移ろいを感じる場

A7. 内と外のつながり

A8. 素材の経年変化を愉しみましょう。

竹原義二

Yoshiji TAKEHARA

1948年徳島県生まれ。1978年無有建築工房設立。現在、神戸芸術工科大学環境デザイン学科客員教授。日本建築学会賞教育賞・日本建築学会賞著作賞・村野藤吾賞・こども環境学会賞など多数受賞。近年は幼稚園・保育所、障がい者福祉施設、老人福祉施設など、住まいの設計を原点に人が活き活きと暮らす空間づくりを追求している。

無有建築工房

540-0004 大阪府大阪市中央区玉造2-2-1
日ノ下商店ビル2002
tel：06-6949-1002
mail：moo2002@zeus.eonet.ne.jp
web：https://moo2002.com/

web

1 自身のデスクは二方から自然光が入る位置に。外の階段などで素材の色を確認することも多い。
2 自ら手がけた「日ノ下商店ビル」のワンフロアをアトリエに。「生きた建築ミュージアム大阪」にも参加する特徴的な建物。
3 壁に資料や図面を貼って議論するため、壁にスケールの跡が残っていた。

田中義彰

Yoshiaki TANAKA

TSCアーキテクツ

愛知

リビングは片流れの垂木がかかり、二方向の庭とつながる

外へ繋がる居場所がのどかな暮らしをつくる

外観南面

雨の日でも遊べる屋根付きテラス

2階。家族ホールは可変性のある空間に

テラスへと繋がる玄関ホール

視線の抜けが庭へと誘う

刈谷の家

多様な居場所が点在する家

Point

南隣地と約5mの高低差がある土地に夫婦+子供5人の暮らす家を計画しました。隣地との高低差を活かし、眺望を楽しみ積極的に庭やテラスへと繋がる開放感のある空間を作りたいと考えました。開放感のある住空間を作る上で、寝室や風呂等のプライバシーを守りたい空間と眺望や庭との繋がりを楽しむ開放的な LDKを明快に分けて奥行きのある計画にしました。2つのボリュームに分けることで光と風が抜ける中庭を作り出し、内部空間に広がりを与えることが可能となりました。リビングから南に続く屋根付きテラスや西側の屋根が掛かったアウターリビングは外へと繋がる多様な居場所となり、のどかに暮らすシーンを作り出します。片流れの垂木は視線を庭へと誘い、室内と屋外を一体に感じさせます。居住空間に外部への広がりを感じる半屋外の中間領域を点在させることで、おおらかに外部空間と繋がり、心地よい多様な居場所が存在する寛容性のある住宅となりました。

竣工年：2017年
所在地：愛知県刈谷市
敷地面積：865.68㎡
施工：小原木材
構造設計:矢尾建築設計事務所
造園：庭芳造園
写真撮影：小田秀城

STORY

住宅の「寛容性」を語る

住宅は言うまでもなく人が生活を行っていく場です。家族を受け入れる寛容性が住宅建築には特に求められるものだと思います。
住宅が寛容性を持つということは実感として建築が主張しすぎることなく配慮され、心地よいと感じたりできる「場」があたかも自然にそこにあったという状態が創れれば良いのではと思います。

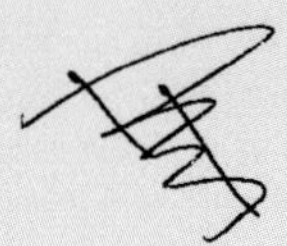

QUESTION

建築家へ8つの質問

A1. 本：『空気感』（ペーター・ツムトア） 映画：007シリーズ 音楽：The Weeknd、Bruno Mars

A2. コハウチワカエデ、エバーフレッシュ

A3. 聖コロンバ教会ケルン大司教区美術館、Therme Vals、ローマ遺跡発掘シェルター

A4. 和食、カレー

A5. Duolingo

A6. 深い庇の下

A7. ダイニング

A8. 衣食住といわれるように、人と建築は非常に近い関係にあります。おいしい食事、気に入った服を着て気分が良くなるといったように人を幸せにする建築を創っていきたいと思います。風土・文化によって培われた過去の知を引き継ぎながらもクライアントとの対話の中から生まれてくる新しい「意味のあるデザイン」をすることが大切だと考えております。

田中義彰

Yoshiaki TANAKA

1969年兵庫県生まれ。三重大学工学部建築学科卒業。2008年 TSCアーキテクツ設立。個人住宅の他、クリニックや保育園、自動車ショールームなどの設計を手がける。中部建築賞、愛知まちなみ建築賞、グッドデザイン賞など国内外受賞歴多数。2019年から愛知工業大学非常勤講師。

TSCアーキテクツ

453-0011 愛知県名古屋市中村区千原町4-3
ワカヤマビル3F
支所：京都市北区紫野
tel：052-700-7700
mail：info@tsc-a.com
web：https://www.tsc-a.com/
SNS：Instagram @tscarchitects
Facebook「Yoshiakitanakatsc」

web

1 名古屋駅からもほど近く、窓の向こうには駅に向けて減速する新幹線が見える。
2 手がけてきた模型や資料、サンプルなどは部屋の外に。

津田 茂

Shigeru TSUDA

T-Square
Design Associates

大阪

リビングより庭方向を見る

庭より建物全景を見る

玄関ホール

構造ディテール

家の中心である廊下を見る

キッチンよりLD方向を見る

夜景全景。JRがすぐ下を走る

風路舎

広大な敷地条件を活かした平屋住宅

Point

風にまつわる由来が多い福岡県田川市での計画である。計画地は国道がT字に交わる交差点にあり、10m程下った隣地にはJRが走る。施主は独身の男性だが、将来を見据え、4人家族を想定した住宅である。敷地が広いため、手掛かりとして、風の通り道沿いに一本の軸線を定め、その軸線（廊下）に沿って平屋の平面計画が成立しないかと考えた。その軸線の南側に主要な居室類、北側にその他附室を配置するというシンプルな構成とした。廊下を風が通り抜けることで、家全体に空気の流れを生んでいる。また、廊下というのはそれぞれの部屋を繋ぐ重要な役割を果たし、家の中で必ず通る場所でもある。それを都市スケールで考えるなら、建物と建物との間に存在する路地のような空間がそれであり、都市の中の余白だ。都市の中ではこの余白空間が面白い。この廊下は人と風の通り道となっており、まさに都市の中の路地と同じだ。天候を感じられる外部空間のような廊下を持つ住宅である。

竣工年：2022年12月
所在地：福岡県田川市
敷地面積：2088.92㎡
施工：たか建築舎
構造：片岡構造
造園：グリーンスペース
写真撮影：楠瀬友将

STORY

Talk About「マラソン」

初めてフルマラソンに挑戦したのは2015年の大阪マラソン。40歳を境にダイエット目的で走り始めたのが2010年頃だが、特に目標もなく、毎朝なんとなく走っていた。しかし目標がないと続かないので、ハーフマラソンにエントリーした。それを機に毎年ちょくちょくハーフを走ったが、フルマラソンは未知の世界だった。その後、次第にフルマラソンへの興味が湧き、せっかくフルマラソンデビューするなら地元の大阪でと思い、大阪マラソンにエントリーするも2年連続で落選。ようやく当選したのが2015年だ。そして、その大阪マラソンを皮切りに全国様々な大会に出場すると同時にタイムを気にし始める。少しでも早く走りたいと思い、毎年少しずつタイムを縮めてきた。49歳の時に自己ベストである3時間19分台で走り切った。それも大阪マラソンで。今年で54歳。建築と同じく、マラソンもまだまだ上を目指せる。頑張ろう。

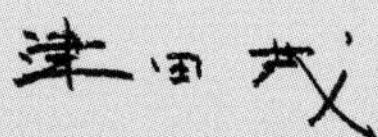

QUESTION

建築家へ8つの質問

A1. 歴史本全般、スターウォーズ、ボサノヴァ

A2. ミツマタ

A3. ヴァナキュラーな建築

A4. 天麩羅

A5. 庭の水やりとランニング

A6. 自然風が流れる場所

A7. 全て

A8. 構造の力強さだったり、素材そのものが持つ表情を大切にしています。

津田 茂

Shigeru TSUDA

1970年東京都港区生まれ。2歳から海外で生活。アメリカの大学を卒業後帰国し、出江建築事務所、北村陸夫+ズーム計画工房を経て、2002年に現事務所設立。住宅、別荘、テナントビル、商業施設、病院、店舗等、国内外のプロジェクトに幅広く携わっている。

T-Square Design Associates

540-0031 大阪府大阪市中央区北浜東1-29
北浜ビル2号館10階
tel：06-6937-8055
mail：info@t2designassociates.com
web：t2designassociates.com
SNS：Instagram @t2designassociates

web

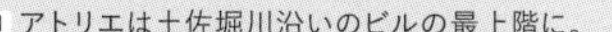

1 アトリエは土佐堀川沿いのビルの最上階に。
2 アトリエ内のあちこちに自転車が置かれていた。計7台。
3 40代からマラソン大会に出場を始め、2019年の大阪マラソンで出した3時間19分25秒が自己ベスト。

西井洋介

Yosuke NISHII

一級建築士事務所
ROOTE

大阪

リビングから西側の風景を臨む

片流れ屋根が寄り添うことで風景に馴染む

敷地から西側の水田と琵琶湖、比良山を臨む

基礎のコンクリートでつくったキッチン

LDKからつながるフリースペース

リビングからつながるテラスの夜景

西景の家

西側の風景を取り込む家

Point

琵琶湖東側の水郷集落に建つ、4人家族の住宅の計画。西側に水田を挟み、500m先に伊庭内湖を臨み、さらに琵琶湖側の比良山地まで見渡せる敷地で、美しい風景を住宅に取り込むことと同時に西日対策が求められました。西日を遮蔽し、西側の風景を取り込むという、相反する条件を手掛かりとして、建築の構成と配置を検討しました。個室や水回り等で構成した1.5間幅の南北2つのヴォリュームを、西側の風景を取り込むようにハの字に並べ、その間にLDKの空間を設けています。南側のヴォリュームは2階建てとし、深い軒と西側に突出させた袖壁により、LDKへの夏の西日を遮蔽し、逆に冬はLDKに日射を取得して、夏涼しく、冬は暖かい住宅を目指しました。2つのヴォリュームに掛けた片流れの屋根は、寄り添うことで、切妻屋根の多い集落の風景に馴染むことを想定しています。

竣工年：2020年
所在地：滋賀県東近江市
構造設計：海野構造研究所
写真撮影：河田弘樹

STORY

Talk About「旅」

大学で建築を学び始めて以来、国内外問わずに旅をするようになりました。最初は建築を見るという動機で旅を始めましたが、いくつかの旅の中で、日常とは異なる文化、生活、風景、歴史等を感じるうちに、旅自体がメインの目的となりました。
これまで多くの場所を旅しましたが、大学時代に1人で4か月かけて、トルコ・イラン・パキスタン・インド・タイ・カンボジア・ベトナム・香港と、アジアをほぼ陸路で横断した旅が最も印象的で、そこで体験したことは、私自身の価値観を大きく変え、現在の私の人間形成に大きく影響を与えました。
コロナで海外に行けない時期もありましたが、令和5年の夏はニューヨークとボストンを旅しました。国内では感じることのできない、日本を取り巻く状況の変化に衝撃を受けました。次は多くの野生動物が生息し、ファブリックや彫刻等、文化的にも魅力なタンザニアを旅することを画策しています。

Yosuke Nishii

QUESTION

建築家へ8つの質問

A1. 松本大洋さんの漫画は魅力的なキャラクターやストーリーもさることながら、
独特のタッチで表現される存在感のある画風に心を惹かれます。

A2. 自宅や事務所でも多くの観葉植物を育てていますが、最近のブームはアガベです。
美しく放射状に広がる棘のある葉や綺麗なグリーンが特徴的で、今は20種類くらいを育てています。

A3. 住宅ではアントニン・レーモンドの自邸が好きです。藤棚の木漏れ日の下、犬が床に寝そべる横で、
レーモンド夫妻が食事をしている有名な写真の風景が、私が住宅で目指すところなのかもしれません。

A4. 麺類。炭水化物をとると眠気に襲われるにもかかわらず、やめられません。

A5. 植物の水やり。自宅では約50鉢、事務所でも約20鉢の植物を育てています。
水やりや剪定等の手間はありますが、庭木であっても、鉢植えであっても、緑が生える住宅設計したいと考えています。

A6. 居心地がいいという訳ではないですが、学生時代から電車の中が一番集中できる場所です。
読書や試験勉強は電車の移動中にやってきました。現在は建築のプランのスケッチや図面チェックをやっています。

A7. 自宅の屋上です。デッキを敷いていて、植物を育てたり、子供がプールをしたり、
時にバーベキューをしたりと多用途に使用しています。

A8. 環境との関係を重視し、模型や手書きのスケッチ等でイメージを共有しながら、楽しく設計を進めていきたいと考えています。

西井洋介

Yosuke NISHII

1977年京都府生まれ。2003年 京都大学大学院工学研究科建築学専攻修了。遠藤剛生建築設計事務所を経て、2007年 ROOTE設立。2021年より摂南大学非常勤講師を務める。

一級建築士事務所 ROOTE

542-0083 大阪府大阪市中央区東心斎橋1-11-4
レトロ68 101号室
tel：06-6355-4930
mail：nishii-y@roote.jp
web：http//:www.roote.jp

web

1

2

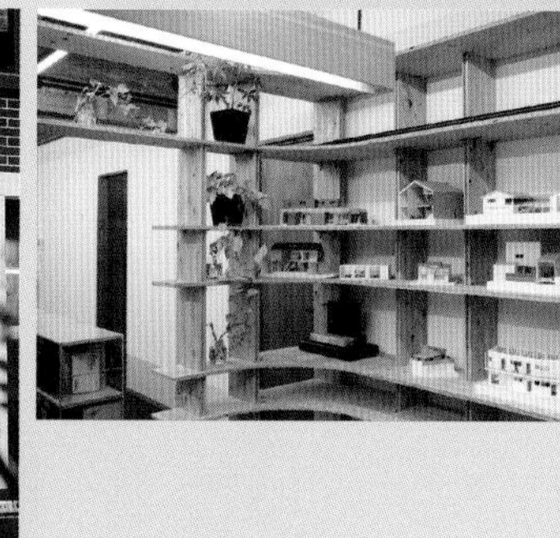

3

1 2023年長堀通に面したビルの改修を手がけたのを機に、その1階にアトリエを構えた。
2 元は時計店という場所で、道行く人からもアトリエ内がよく見える。
3 多くの資料は地下の倉庫に。おかげで事務所内はすっきり。

西濱浩次

Kouji NISHIHAMA

コンパス建築工房

大阪

南西外観。建物と塀でプライバシーを確保

廊下。玄関からリビングに

西外観。建物を4つの切妻に分散配置

玄関ホール。廊下を渡るとリビング

リビング。左は中庭、右は書斎

和室。天井板、落とし掛け、欄間などは再利用

玄関・アプローチ。右は前庭、ゲストルーム。

4棟の家

分散配置による環境確保

Point

建築ボリュームを4つの切妻に分散することにより通りからの圧迫感をやわらげ、周辺建物に近い建物規模、屋根勾配とした。リビング、寝室、車庫、ゲストルームを4棟に分散配置し、その間を庭やテラスとすることにより、セキュリティやプライバシーを確保しながらも、明るく風通しの良い空間となっている。建物の要所に、旧宅の大黒柱や丸太梁、杉天井板などを再利用し、外構においても庭石や井戸側、鬼瓦などを再配置した。旧宅の記憶を引き継ぎながら、安全な基本性能と自然環境を享受する住宅が実現した。

施工：株式会社ケイ・アイ・エス
写真撮影：岡田大次郎

STORY

Talk About「エネルギー」

太陽光、風力、水力、地熱、バイオマスなど再生可能エネルギーの検討が進んでいますが、これらの設備や施設には多くの費用やエネルギー、時間が必要です。またどのエネルギーがより環境に優しいかという疑問もあります。私は最も身近で実現可能なエネルギーは「人間力」だと考えています。動物体系の中で人間だけが化石燃料を消費し、化学製品や原子力、太陽光発電など廃棄処理の難しい化合物を作り出し、その処理に大きなエネルギーを消費しています。食糧ロスや運動不足、使い捨ての包装物の減少など、生活習慣や行動の見直しにより、生産・消費するエネルギーを減らすことができます。エスカレーターや車、エアコンなどの利用を減らし、体力を使用することにより余剰エネルギーが創出され、健康を促進することもできます。人間も他の動物と同様に自然に寄り添った生活を心がけるだけで、エネルギーや環境問題は少なからず改善されると信じています。

西濵浩次

QUESTION

建築家へ8つの質問

A1. 50歳を超えてから親父バンドを始め、ギターとボーカルを担当、ジャンルは歌謡曲から洋楽まで様々、バンド名は「華麗衆」

A2. 山の雑木や、雑草と呼ばれるような、名も知らぬ木々や草花が好きです。築40年の空き家を活用した「草雑舎」で淡路島での2拠点生活を始め、朝の散歩の帰り、草花を摘み、一輪挿しで楽しんでいます。

A3. 風土に根付いた街並みからモダン建築まで、全てが興味深いため、日本中、世界中どこに行っても楽しく街を楽しむことができます。

A4. 嫌いな食べ物はまったくなく、なんでも美味しくいただきます。2拠点居住を機に、男の手料理も始めました。

A5. テニス、ゴルフ、卓球、登山など趣味が多い方ですが、コロナ禍を機に60の手習いでピアノを始めました。簡単な楽曲や、弾き語りなどを目標に毎朝練習中です。

A6. 幼少の頃より田舎が好きで、今も鳥や魚、虫や草花などを身近に感じる「草雑舎」が心地よく、プチ農業も始め、田舎生活を楽しんでいます。

A7. 大阪ではマンション住まいのため、バルコニーの鉢植え植物や水連鉢のメダカなどを世話しながら、自然を少し感じるようにしています。

A8. 全てが準備された便利で快適な生活だけでなく、素朴な空間で自らが住宅や生活にかかわり、手間暇を惜しまず不自由を楽しむことも、むしろ幸せだと思います。

西濵浩次

Kouji NISHIHAMA

1955年大阪府生まれ。1978年 京都工芸繊維大学住環境学科卒業。1987年 西濵建築事務所設立。1996年 コンパス建築工房設立。『大改造!!劇的ビフォーアフター』に度々出演。

コンパス建築工房

534-0022 大阪府大阪市都島区都島中通3-5-17
tel：06-4253-5683
mail：info@compas-ao.com
web：https://compas-ao.com/
SNS：Facebook「kouji.nishihama.7」

web

2

4

1

3

1 バランスボールを椅子代わりとしておよそ10年。他の所員もチャレンジするも、続いているのは本人のみ。
2 机にしている大きな板は独立して37年使い続けている。
3 コクヨの椅子も独立時に買ったもの。物持ちがいい。
4 淡路島の「草雑舎」と大阪の2拠点生活。

西本寛史

Hirofumi NISHIMOTO

nha

和歌山

透過する上部の窓。照明もシンプルに

木質をメインに畳工房と雰囲気を合わせた

仕事場である工房と家族を繋ぐ裏庭

半外の空間を意識したLDK

暖かでやわらかな光が夕闇に溶け出していく

冬野の平屋

職と住、家族の繋がりを大切にした家

Point

和歌山市郊外、古い町並みと田園風景を見渡せる小高い丘にある住宅です。建築主は畳職人であり、隣接の畳工房と職住一体の空間となるよう設計しました。駐車場や畳搬入路、南側は工房が冬の時期に伸ばす影が被らないように、約90坪と広いこの敷地にできる最大限の矩形を描き、外部半外部となる空間で仕切ったシンプルな構成です。工房を含めた各部屋の間に外、半外の空間を作ることにより、開放性と独立性をもつ町のような住宅となりました。

竣工年：2018年
所在地：和歌山市冬野
敷地面積：290㎡
床面積：95㎡
施工：前畑建材店
造園：和歌山庭園研究所
写真撮影：今西浩文

STORY

Talk About「ゴルフ」

7年ほど前からゴルフを始めました。小中高とサッカーをしてきたので、決まったフィールドの流れの中でプレーする感覚に慣れていましたが、ゴルフは個人競技です。全く同じコースはなく、止まっている球を自分のタイミングでその時の状況に合わせた最良の道具を選択し、全神経を集中して体を始動します。状況を的確に判断する冷静さと思い切りよく攻める精神力が必要で、この感覚は経験を重ねるごとに研ぎ澄まされていきます。
それに道具選びがすごく楽しいスポーツです。クラブ一つ選ぶにしても、メーカーやヘッドの形状、シャフトの柔らかさ、重量などを掛け合わせれば選択肢は膨大になります。もちろんファッションも。これは建築家道に通じるものがあるかもしれませんね。ちなみに使用しているギアを一つご紹介。
ドライバー：ヘッド・タイトリストTsi3
シャフト・ツアーAD vr-6 Flex-S
現在ベストグロス85。目指すはシングルプレイヤーであります。

西本 寛史

QUESTION

建築家へ8つの質問

A1. 本：『コインロッカーベイビーズ』(村上龍)　映画：『ボヘミアンラプソディ』最後のライブエイドのシーンは鳥肌が立ちました。
音楽：最近はVaundyが好きで、作業中によく聞いています。

A2. 馬酔木。いけばなをやっている妻の影響ですが、枝ぶりにとても趣があります。

A3. 京都駅ビル。コンコースに圧倒されます。

A4. 中華そば。和歌山ラーメンは美味しいですよ。

A5. 筋トレをしています。動ける身体でいたいので。

A6. 我が家のロフト。私の隠れ場所です。

A7. 一坪のテラス。植物を置いて、お酒を飲みながら音楽を聴いたりします。

A8. 和歌山市という風土豊かで人情味あふれる素朴な街で仕事をしています。
建築設計だけではなく、イラストを描いたりいけばな（妻担当）をしたり、肩の力を抜いた設計事務所です。
気軽にHPやインスタグラムを覗いてみてください。

西本寛史

Hirofumi NISHIMOTO

1978年大阪府生まれ、和歌山育ち。愛知学院大学商学部卒業後、修成建設専門学校卒業。和歌山市の意匠系設計事務所、組織設計事務所勤務を経て、2018年3月 一級建築士事務所nha設立。住宅から公共建築まで幅広く活動している。

nha

640-8042 和歌山県和歌山市西ノ店17
ニシノタナノBLDG1階南側
tel：0734-99-1270
mail：nha@zf6.so-net.ne.jp
web：https://nh-archi.com/
SNS：Instagram @nh_archi

web

1 飲食店街の一角、アトリエ奥の壁の向こうではイタリアンが営業中
2 もとは倉庫として使われていた天井高のある空間を改修した
3 机を並べる妻はイラストやグラフィックデザインを担当。建築のイメージ図もお手のもの
4 アトリエから徒歩数分に自宅が。街と仕事場がごく身近にある生活

橋本雅史

Masafumi HASHIMOTO

キューブ建築研究所

和歌山

南側の前庭には駐車場とコミュニティの緑が植えられる

ダイニングテーブルから外を眺めると、程よい高さで南側の庭と繋がる

2階は扉を開けると連続した寝室

ギャラリーにもなるコミュニティ空間

外からも気にかかる中の空間

LDKと連続した和室

葛屋丁の家

前に庭を持ったやさしい「いえ」ができました

Point

繁華街の近くにある木造の建物です。近くを通学する小学生と窓越しにコミュニケーションをとれるように、高さや大きさを設定しています。室内には小さな土間を設け、近所の方や来客をもてなすことができ、より一層コミュニティを育むことができます。

竣工年：2019年
所在地：和歌山県
敷地面積：108.19㎡
写真撮影：母倉和樹

STORY

Talk About「小さい季節を探しましょ」

山歩きや街歩きが好きで、日常だけでなく旅先でもよく歩き回ります。山に行くときは3時頃に起きてごそごそし始めるので、起きるのが辛くないように、行かない時も3時ころ起きるようにするのは果たして体に優しいのか？ 試練なのか？ 夜中にうろうろするとなんだかやましい気分になりますが、早朝だと爽やかに感じるのは私だけでしょうか？

歩くと季節や暑さ寒さ、日の長さの変化に対して敏感になります。冬場の1℃、2℃の差が体に沁みます。まぁそこまで敏感になるまでも歩き回らなくてもいいのですが…。建物を創るときには、自然を感じ取れる建物になるように心がけています。山や街を歩かなくても庭先で自分だけの季節を見つけられるような建物が好きです。

masa

QUESTION

建築家へ8つの質問

A1. ヘルレイザー

A2. アデニウム

A3. 通りすがりに「あれっ！あの家気になるなぁ～」といった感じの、時代の変化に流されない建築

A4. 海外グルメ

A5. 朝活ハイキング

A6. 自然豊かなところ

A7. 庭

A8. 私たちはシンプルで気持ちのいい快適空間をお客様と一緒に創り、育てています。
建築も人と同じようにいい時間を過ごして、いい表情になるように。心を豊かにする建築を、お客様と一緒に創ります。

橋本雅史

Masafumi HASHIMOTO

1963年生まれ。1986年 日本大学工学部建築学科卒業。1997年 キューブ建築研究所開設。2013年法人化。受賞歴は、和歌山県ようこそ私の森へ最優秀賞、JIA-WJW1グランプリ最優秀賞・きのくに建築賞など。

キューブ建築研究所

640-8355 和歌山県和歌山市北ノ新地2丁目22番地ワンダーランド3階
tel：073-422-0451
mail：office@cube-arch.jp
web：https://cube-arch.jp/

web

1

2

3

1

1 アトリエ内外の植物は増える一方。名古屋の好きな店まで買いに行くことも。
2 冬場なので多くの植物が室内に置かれているが、暖かくなれば半分以上は外に。玄関周りを温室化する計画も。
3 アトリエは繁華街の一角にある真っ白な複合ビルの最上階に。気分はNYのペントハウス。昼間は静かな街ゆえ仕事がはかどる。

長谷川総一

Soichi HASEGAWA

長谷川設計事務所

兵庫

2階廊下から和室を見る。奥がテラスデッキ

吹抜け上部より食堂を見おろす

西外観。花火見物のための2階テラスデッキ

1階寝室より食堂・台所側を見る

食堂より玄関を見返す。右手が居間

台所と水回りをつなぐ裏動線

池田の家

間口が狭い都市型住宅の改修

Point

空き家になっていた建売住宅の改修である。改修前は室を間仕切っただけのプランで、風通しが悪く光も十分に差し込まない閉塞感のある空間だった。改修にあたり、夫婦は人をもてなすことが好きでオープンな暮らしを望んでいた。平面計画は老後を見据えて1階で生活が完結し、それぞれの場所が自然につながる動線に回遊性を持たせ、行き止まりのないプランで風も流れるようになった。さらに閉塞感をなくすため減築を行なった。まずひとつは、2階の真ん中の床を減築し、吹抜けを設けて上下のつながりを生み、吹抜け上部に設けたトップライトから差し込む光が時間と共に変化し、空間を彩る。ふたつ目はこの家に住む目的である夏の花火大会を家から見るために、2階西の室を奥行きのあるテラスにする減築を行なった。テラスは室とつながり空間に面積以上の広がりを生んだ。材料選びには表面だけをきれいにするのではなく、時間と共に味わいの出る素材を使うよう心がけた。

竣工年：2011年
所在地：大阪府池田市
敷地面積：80.94㎡
家族構成：夫婦2人

STORY

Talk About「住宅設計テキスト」

好きな建築家の1人に26年前に亡くなった宮脇 檀氏がいる。彼の著書の中に『宮脇檀の住宅設計テキスト』があり、第1章から第11章まで、どこから読んでも2ページずつ完結、写真や図面も載って読みやすく気に入っている。この本との出会いは消費税が3%時代の30年前で、住宅の仕事が入れば必ず目を通していた。1冊1万円のハードカバーの高価な本である（余談だが、数年経ってからソフトカバーの同じ本が3千円弱で出版され、腹を立てて購入してしまった。友人から頂いたのも合わせて計3冊持っている）。30年使っているので3冊とも付箋だらけでボロボロである。第1章「土地の秩序に従う事は絶対条件」の「パノラマ写真を撮る」という項目で、当時私も敷地のパノラマ写真を撮ってから設計に取り掛かっていた。尊敬できる建築家も同じくパノラマ写真を撮っていることに感激した。最近はこの本を開くことがなくなっていた。今見積中の住宅が恐らく予算があわず、減額を検討しなければならない。ヒントがあるか『住宅設計テキスト』を開いてみよう！

QUESTION

建築家へ8つの質問

A1. 映画：ヒッチコック作品など

A2. 花が可愛く咲いて紅葉するドウダンツツジなど

A3. 10年前に見た雪景色の中の閑谷学校

A4. 和食と日本酒

A5. 朝ドラを見ながら毎朝のストレッチ

A6. 事務所でジョージナカシマの椅子に腰かけて飲む珈琲タイム

A7. 特になし

A8. 住まいは、住まい手がいつまでも愛着を持って長く暮らし、時が経つほどに味わい深くなってほしいものです。

長谷川総一

Soichi HASEGAWA

1956年神奈川県生まれ。1979年 京都工芸繊維大学工芸学部住環境学科卒業。1992年 長谷川設計事務所設立。2018年 第1回 JIA KINKI 住宅賞住宅部会審査委員賞。

長谷川設計事務所

661-0977 兵庫県尼崎市久々知3丁目25-1
tel：06-6493-6726
mail：hsgarch@yahoo.co.jp
web：http://www.hsgarch.jp/

web

1 実家の砥石工場の食堂を改修してアトリエに。
2 年に一度、伊賀焼の窯に通っての陶芸を10数年以上続けている。
3 本棚の下段にはこれまで手がけた建築の設計図や資料が並ぶ。

濱田 猛

Takeshi HAMADA

HAMADA
DESIGN

大阪

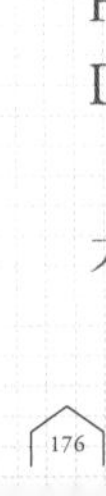

主屋LDK、西から南東側を見る。間戸を介して縁側と軒下に繋がる構成

北側外観、大屋根と3棟が見える

子世帯寝室の前に造った花見舞台

ゲストルームから桜を見る

主屋LDK、東から西側を見る

路地、北から南側を見る。
右がゲストルームで左が子世帯の寝室

南西からの外観、春になると敷地内の桜が咲き誇る

丘上の平屋

ひとつ屋根の下の3棟

Point

滋賀県甲賀市、甲賀忍者で知られるこのエリアは江戸時代には城下町として栄え今でも歴史ある建物が散見されます。天平年間に建立された大池寺の境内を背景に持つ約2000㎡の丘のような場所が敷地です。ここに、主屋、子世帯室、ゲストルームという3つの機能を分散させた二世帯住宅を計画しました。3棟には全長36.4mの共通の大屋根を架け、屋根と同じ投影線まで造られた縁側が「つなぎ」の役割を果たします。南面したそれぞれの部屋は、一間サイズの間戸を通して縁側に繋がる。軒下・縁側・間戸という日本家屋の伝統的手法を現代に復元しました。春になると敷地内の桜の樹々が花開きます。間戸を介して季節の移り変わりを感じ、縁側で過ごす時間が増える。内部と外部を行き来しながら豊かな生活を送ることができる、そんな住まいを目指しました。

竣工年：2021年8月
所在地：滋賀県甲賀市
敷地面積：2000㎡
構造設計：福永 毅（造形工学研究所）
写真撮影：濱田 猛

STORY

住宅の「インテリア」を語る

インテリアというと、照明器具やカーテン、壁紙といったものを思い浮かべると思います。インテリアは英語で「内面」を意味する言葉ですが、日本では「空間装飾品」として広く浸透しています。しかし本来的な意味では「空間装飾品」ではなく造られた「空間」そのものがインテリアであるべきです。通常、建築設計者とは別にインテリアデザイナーがカーテンなどの空間装飾品を選定することが多いのですが、私たちの住まいでは建築が完成した時、その時点がインテリアの完成を意味します。空間を装飾する必要はないのです。空間をいかすためにシンプルな壁紙を使い、プランニングを工夫することでカーテンのいらない住まいをつくっています。照明器具もできるだけ主張せず存在感をなくし、家電も収納を工夫して隠します。余計な装飾を無くし、建築の内部そのものがインテリアであること、そんな考えで日々設計をしています。

T. Hamada

QUESTION

建築家へ8つの質問

A1. 感動系とゾンビ系の両方好きです

A2. 自宅の新築時にもらったウンベラータ

A3. ルイス・カーンのソーク研究所

A4. 奥さんの手料理全般

A5. 筋トレ

A6. 自宅のリビング（四畳半です）

A7. 5歳の娘との時間

A8. 本音で語り合えるコミュニケーションの構築を目指しながら、設計・施工、そしてアフターメンテナンスへと続く工程の一つひとつに真摯に向き合うことを心掛けています。

濱田 猛

Takeshi HAMADA

1975年大阪生まれ。2003年 京都工芸繊維大学大学院工芸科学研究科造形工学専攻修了。2003〜2006年 株式会社コンパス建築工房。2006年〜HAMADA DESIGN。一級建築士、インテリアコーディネーター、AFP。

HAMADA DESIGN

572-0848 大阪府寝屋川市秦町1番3号
tel：072-823-7935
mail：info@hamada-design.com
web：https://hamada-design.com/
SNS：Instagram @hamadadesign0523
Facebook「濱田猛」
Youtube「HAMADA DESIGN」

web

1

2

3

1 測量事務所と執務室を共有している。
2 個々のデスクを分ける棚は高さ1.15mで統一。カウンター代わりにも使われる。
3 夏と冬、社内でのパーティがコロナ禍以降の恒例に。ダーツボードもその名残り。

福田浩明

Hiroaki FUKUDA

福田建築工房／
テトラプラス合同会社

兵庫

長さ30mの正面ファサード

棟木を支える古材丸太、カバザクラらしき古材の棚板とTV台

中庭デッキに古材丸太のベンチ

写真ギャラリーとホール、足元からの光が柔らかい

真壁柱は4寸の古材スギ柱

杉杢落し掛け、名栗床柱。ケヤキ蹴込框も古材銘木

3間の開口が南庭とリビングをつなぐ

野の花館

記憶を未来へつなぐ

Point

かつて小山だった所を造成された地形で、高台にあるものの景観はさほど良くなく、周りから見上げられることや風がきついこともあり、中庭をとって内向きに開くことにした。雨模様の時にも窓を開け放ち、外界の背景や時間に惑わされない場所であって欲しいという思いからでもあった。古材の梁丸太や杉柱、その他にもミズメらしき古板材、古煉瓦、耐火煉瓦、江戸時代から使われていた御影や青石の歩石や庭石、飛び石等々。敷地内には桜、オリーブ、カエデ、ミルトス、エニシダなどの樹木も多く仮置きされていた。そして、これらの過去の記憶を持った材料は少しだけリフレッシュされ、未来へとまた生き続け使われ、家族や人々の新たな記憶へとつながっていく。約1年半の現場は、本来建築はこうあるべきだと改めて教えてくれた。

竣工：2022年
所在地：和歌山県紀伊田辺市
敷地面積：1991.49㎡
施工：リビング建築工房
構造設計：皆木基宏（エムツー設計）
造園：家高造園、ハレルヤ
写真撮影：今西浩文

STORY

住宅の「壁」を語る

28年前、田舎の住宅の仕事をいただいた際、壁はやはり漆喰だろうと考えたが、ローコスト住宅では予算が合わない。しかも大壁作りでクラックが怖い。そこで思いついたのが砂を混ぜて原材料を減らすことと割れにくいようにラフに仕上げること。こんな安易なことから土佐じっくいとの付き合いが始まる。この既調合の土佐じっくいは藁スサを混ぜて3か月以上寝かせたものを使う。土壁の上に塗るのが最高だが、ラスボード下地に3回塗りの総厚13ミリを目安にスタイロ鏝で引きずり仕上げにする。すでに水も混ぜてあるので袋から取り出し砂を混ぜ、色付けにその土地の古土を入れ練るだけ。好みによってはベンガラや白漆喰を混ぜることもある。完全に乾くには1か月はかかり、その間土臭い少し発酵臭を伴うがこれがかぐわしく田舎の風景を誘う。こうして完成した壁は夏涼しく冬暖かく、焼き肉の匂いの残らない自然素材100%の素敵な室内環境を与えてくれる。お試しあれ。

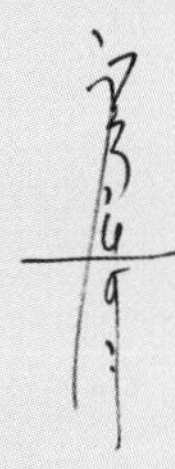

QUESTION

建築家へ8つの質問

A1. 映画『ドクトル・ジバゴ』の俳優とララのテーマ曲に壮大なシベリアの背景がたまらない。音楽は吉村妃鞠（ひまり）のバイオリンにはまっている。なぜか彼女の演奏に涙ぐんでしまう。

A2. ナンキンハゼ、ミツバツツジ、ヤマザクラ、ツリバナ、ハイノキ、そしてオレンジ色のガーベラ。

A3. 室生寺の五重塔の繊細さに色気を感じる。

A4. 日本蕎麦（二八蕎麦がいい）と地酒（特に神稲「くましね」）

A5. 体操、散歩、ストレッチ、体に良いこと

A6. 近所の河原（武庫川の河川敷）と閑谷学校の縁側（年間2回は行く）

A7. 緑いっぱいのバルコニー

A8. 大切にしたい場所とシーンを想像してください。本を読んだり、ボーとしたり、昼寝をしたり食事したりと居心地がいい場所、その場所を思い作るのが住まいづくりの楽しさです。

福田浩明

Hiroaki FUKUDA

1956年岡山県総社市生まれ。1979年 京都工芸繊維大学工芸学部住環境学科卒業。複数の設計事務所に勤務の後、1987年 美建・設計事務所 石井修氏に師事。1994年 一級建築士事務所「福田建築工房」開設。『大改造!!劇的ビフォーアフター』に2回出演。現在、複数の建築家と「テトラプラス合同会社」を立ち上げ、代表としても活動を行う。

福田建築工房／テトラプラス合同会社

663-8113 兵庫県西宮市甲子園口3丁目15-14
竹内ビル2階

tel：0798-67-7201／0798-67-7220

mail：arch-h.fukuda@nifty.com
info@tetra-plus.com

web：https://www.f-kobo.com/
http://tetra-plus.com

web
（福田建築工房）

web
（テトラプラス合同会社）

1 アトリエはメゾネット型のマンションの一室。上階に自身のデスクを構え、スタッフや打ち合わせ室は階下に。

2 数多くの古建具や古板材をストックしながら、アトリエ内でも活用。

3 水車も置かれた広々としたバルコニーではBBQなども。

藤原誠司

Seiji FUJIHARA

フジハラアーキテクツ

兵庫

斜面地に建つ平家住宅

中庭の夜景

玄関から中庭を見る。SUS製の簾が趣を感じる

リビングからテラスへと連続するベンチ

床の間を設けた和室

ダイニングからリビングを見る。二つの庭を見る

斜面地の平家

窪地に光を呼び込む

Point

周りを崖に囲まれたこの場所は、坂道の低いところ合わせて整地されていたために、周りから見ると窪地で、かつ周りの崖の影響で日照時間も限られていた。幸い南面は開かれていたので、主に過ごすLDKを南へ配置した。その他の部屋には万が一の崖崩れに対応するために建てたRC造の壁を反射盤として利用し明るさを確保した。
また、施主の要望は平屋建てで敷地内はバリアフリーにすることであったが、斜面地であるがために駐車場や玄関へのアプローチはある程度の距離を道路から確保しないと解消できないので、配置計画に大変苦労した。その中で必要な床面積を確保するために道路際まで建物を建てる必要があったが、そこには100年以上前から存在する煉瓦作りの塀があった。その壁は近隣の方から残してほしいと要望があったので補強をして残す方針であった。そこで、煉瓦塀に隣接する建物の壁を浮かせて煉瓦塀に建物の荷重をかけないようにすると共に、煉瓦塀のメンテナンスも容易にできるようにした。浮かせた壁の下には植栽を入れることもできたので、優しい印象のファサードとなった。

竣工年：2022年
所在地：兵庫県
敷地面積：475.29㎡
施工：丹生
構造設計：天野建築構造設計事務所
造園：奥本善紀（露地屋）
写真撮影：平野和司

STORY

住宅の「断熱と開口部」を語る

私は気密性と断熱性にこだわって住宅の設計に取り組んできました。屋根や床（基礎）の断熱計画をコストとのバランスをとりながら試行錯誤してまいりました。そのため、お施主様には喜んでいただいております。
前述であえて壁の断熱に触れていないのは、壁の断熱計画は断熱材よりも開口部（窓）による影響が大きいためです。もちろん省エネ対策をした窓もありますが、断熱材の入った壁とは比較になりません。また、開口部は熱以外にも他人の視線など見たく無いものまで入ってきます。そう考えると開口部は南側に最小限確保し、最低限の通風を考慮したもの以外は排除した方が良いと思えますし、省エネルギー性能の高さを売りにしている会社は実際にそうしていると聞きます。
でも、開口部から入ってくるものは嫌なものだけではありません。心地よい光や風景、お庭で遊ぶ子供たちの姿や笑い声も入ってきます。内部環境と外部環境をつなぐ開口部の存在をどのように丁寧にデザインするかをテーマに、これからも断熱性能にこだわった快適な住宅の設計に取り組んでいきたいと考えております。

Seiji Fujikawa

QUESTION

建築家へ8つの質問

A1. SF映画が好きです。

A2. 季節を感じさせる植物。咲く花や紅葉そして落葉後の姿など、四季を楽しめます。

A3. たくさんありすぎて一つに絞れません。

A4. 寿司

A5. 朝のミルク入りコーヒー

A6. 屋根のある外部空間

A7. スピーカーの設置場所

A8. 私の目が行き届くためにも事務所は少人数で営業しております。
そのため、他社と比較すると時間が掛かっておりますが、時間を掛けているため顧客満足度が非常に高いのが自慢です。

藤原誠司

Seiji FUJIHARA

複数の建築設計事務所に勤務後、1999年に一級建築士事務所フジハラアーキテクツを設立。

フジハラアーキテクツ

650-0024 兵庫県神戸市中央区海岸通8番
神港ビルジング806
tel：078-599-6105
mail：info@fuji-architects.net
web：https://www.fuji-architects.net

web

1 アトリエは神戸・旧居留地にある1939年築の近代建築、神港ビルヂングの最上階に。
2 最上階の廊下の壁のみ、竣工当時からモザイクタイル貼り。
3 建物中央に設けられた抜き抜け空間に面して、アトリエ内はいつも明るい。

藤本高志

Takashi FUJIMOTO

藤本高志
建築設計事務所

大阪

白良浜を真正面に眺めることが出来るように配置

湯崎温泉地内で白良浜とサンセットを眺めることが出来るロケーションを生かした配置

海を眺めながら温泉を楽しめる浴室

2階和室からのサンセット

ねじれながらつながる2階への階段は
ヒノキとウォルナットの組み合わせ

二世帯で過ごせるように1階と2階の部屋ごとに玄関が分かれている

癒穏山荘 ～テラスヴィラ癒穏～

白良浜を望む別荘

Point

この建物は和歌山県白浜町の湯崎温泉街に位置し、傾斜のある敷地を間知擁壁で2段に分けるような形状になっており、1段目を駐車場、2段目を建物敷地としています。建物は海への眺望を重視しており、口型の筒が突き出した様な形状になっています。また、複数世帯での利用を想定し階ごとに住室を分けています。上下の生活音の軽減とプライバシーの確保のため、V字にずらしながら重なる配置としました。外観は非日常の浮遊感を演出し、わくわくしながら過ごせる建物になっています。部屋ごとに海を眺めながら食事やティータイムを楽しむことができるテラスを設けており、建物からは北に白良浜を西にサンセットを望むことができ、雄大な自然がリビングと一体となり、四季折々の自然を感じられる別荘として完成しました。穏やかに癒される休日になるよう「癒隠山荘」と名付けました。

竣工年：2021年6月
所在地：和歌山県西牟婁郡白浜町
敷地面積：588.19㎡
施工：吉本建設
インテリア：後藤麻子
写真撮影：冨田英次写真事務所

STORY

Talk About「住宅設計」

普段、共同住宅や店舗、ホテル、事務所など様々な用途の設計をさせていただいているのですが、そういった不特定多数の利用する建物と違って、住宅設計というのは、ニッチなディテールを考えることができたり、斬新な空間構成を提案できるとても魅力のある仕事です。住まい手の使い方を考えながら、環境にあわせて設計するのですが、人それぞれ暮らし方が違うので、新しい環境での住み方を一緒に考えるというとても楽しい仕事です。例えば、ドアだと気づかれないような入り口を作ったり、スイッチを目立たないように隠したり、猫用の階段をつけたり植物に囲まれたリビングを作ったり。分譲住宅やマンションには無いような、特殊な空間を作ることもできます。

そういうオーダーメイドの住宅を一緒に考えているとだんだん仲良くなって竣工時には親戚くらいの距離感になってたりします。そういう大切なお付き合いが出来る方と楽しい家づくりができると嬉しく思います。

藤本高志

QUESTION

建築家へ8つの質問

A1. 難しい本は苦手で読まないのですが、最近は世界のプールを集めた写真集や廃墟・工場の写真集などはつい買ってしまいます。ヘリテージマネージャーという文化財を保護する活動をしていることもあり、大正時代の長屋やビンテージビルが大好きです。

A2. アロエ・ディコトマ：とても育てるのが難しくて頑張ってもなかなかきれいに育たないところが愛らしいです。原産地はアフリカで大きな物は10mにもなるそうです。ウチではなかなか大きくならず幹も細いままなので心配しています。

A3. 吉村順三さんの軽井沢の山荘：一度中へ入らせていただいたことがあるのですが、絶妙な狭さで心地よい天井高さ、複雑な空間構成、ピロティのある不思議な浮遊感など、ずっと見ていられる様な建物です。

A4. 金平糖と落雁って子供の頃は好きではなかったのですが、京都のあるお店のものをいただく機会があり、大好物になりました。

A5. 愛犬2匹と散歩に行った後、事務所の前の掃き掃除と植栽への水やりが僕の担当になっています。

A6. 梅田スカイビル内のベンチ：散歩で出かけたときにスカイビルを見上げながら座るベンチが心地よくて気に入っています。心地よい程度の風が吹き、何時に行ってもどこかに日影があるのでとても過ごしやすく散歩に最適です。

A7. 事務所の3〜4階が自宅なのですが、大事にしている場所というと階段でしょうか。階段に座ったり、荷物を仮置きしたり、狭い家なので階段部分も作業に利用したりしています。

A8. 建築工事の中でも住宅というのは何か特別な気がしています。とてもプライベートでマニアックな設計ができる数少ない用途だと思います。皆様ひとりひとりに合わせてオーダーで作り上げる面白さを是非味わっていただきたいと思います。

藤本高志

Takashi FUJIMOTO

1999年3月大阪産業大学環境デザイン学科卒業。建設会社、設計事務所勤務を経て、2015年4月開業。 個人住宅・集合住宅・店舗・旅館などを中心に設計監理業務を行っている。

藤本高志建築設計事務所

531-0075 大阪府大阪市北区大淀南2丁目8-2
西梅田藤本ビル2階
tel：06-7508-1220
mail：info@fujimoto-archi.com
web：https://www.fujimoto-archi.com
SNS：Instagram @takashi.fjmt
Facebook「fujimoto.archi」

web

1 梅田スカイビル間近の自宅兼アトリエ。
2 自宅にはトイプードルが2匹。時々アトリエにも出勤。
3 金庫は書類入れとして使用。

北條豊和

Toyokazu HOJO

北條建築事務所

大阪

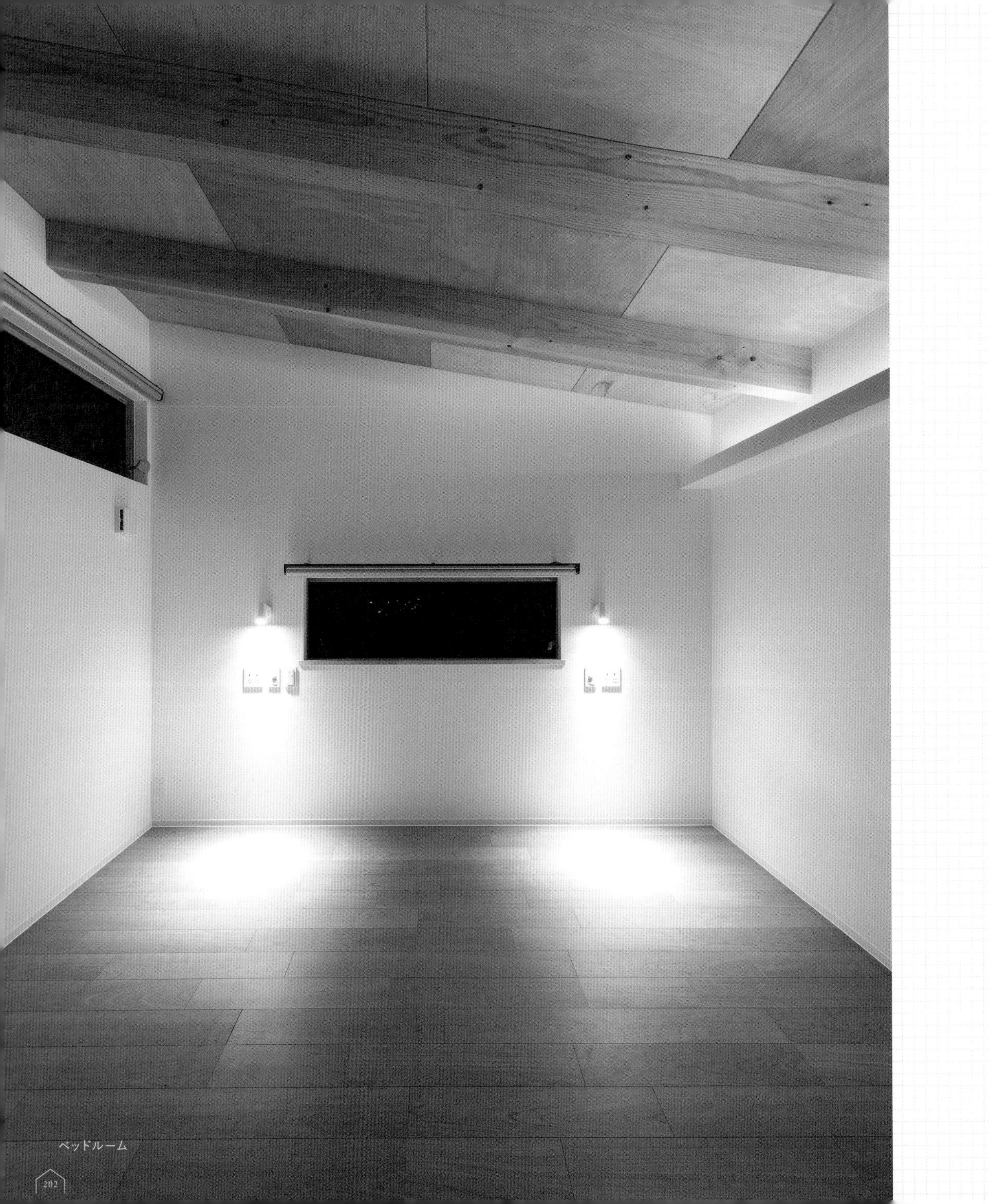

ベッドルーム

エントランス

遠くの山並みを見る階段ホール

チャイルドルーム

ダイニングからリビングを見る

西宮名塩の家

片流れ屋根のスキップフロア

Point

クライアントご夫妻の交友関係が広く来客の多い生活スタイルに重きを置き、玄関やLDKに収納を確保しつつ客人からの見られ方を意識した提案をおこないました。そして勾配地を活かしてスキップフロアでライトコートを取り巻くように動線を展開し、庭を見たり空を見たり、遠くの山並みを見たり、家の中で生活をするだけで気分が楽しくなるような、そんな家を目指しました。最初にご主人がお一人で事務所を訪ねて来られた日のことも、ご家族揃ってはじめて一緒に計画敷地を見に行ったときのこともよく覚えています。周囲にはハウスメーカーが建てた画一的な形の家が比較的多いエリアで、ご家族それぞれの夢を全て叶え、そしてこの周辺環境の中でしっかりとしたアイデンティティを持つ家はどういうものなのか、そんなことを自問自答しながら設計図を練り上げました。ご夫妻がとてもセンスの良い暮らし方で、この家を大事にしてくださっていることをうれしく思っています。

竣工年：2021年
所在地：兵庫県西宮市東山台
敷地面積：188.33㎡
施工：アール・ワン
構造設計:小崎構造設計事務所
写真撮影：松本朋也

STORY

Talk About「石垣」

これまで日本各地の古い町並みや伝統的建造物の撮影活動を続ける中で、多くの石垣と出会ってきました。石垣の世界は奥深く、またバリエーションに富んだ表現力を有しています。石垣を築くためには、技能豊かな石工による計り知れない手間と、気の遠くなるような仕事を継続する根気が必要になります。そのため石垣の全体的なフォルム、また石の積み方や加工の跡には、人間のものづくりに対する精神性が深く宿るのです。
同じようなレベルの日本人の精神性を表すものとして、例えば、古くは日本刀の棟や社寺建築の屋根、そして近代においては旧帝国海軍艦艇の船影などが挙げられます。それらの造形に宿る精神性と同じ濃度で、かつ根底で繋がりのあるものが、特に近世初期(石垣技術が空前絶後の発展を見せた時期)の石垣に最も強く感じられます。
日本では歴史的にみて、石積みを建築の一部として扱う価値観はあまり一般的ではなく(大坂城の焔硝蔵など例外はありますが)、基本的に土木の範疇に留まります。ゆえに石積み自体を、城壁ではなく石垣と呼ぶのかもしれません。

北條豊和

QUESTION

建築家へ8つの質問

A1. 司馬遼太郎の歴史小説を読むのが長年のライフワーク。

A2. 少し前はゴーヤーが好きでしたが、最近はアサガオが好きです。

A3. 日本建築は、城郭建築かそれ以外か、が持論。

A4. ざるそば

A5. 事務所の庭の水やり

A6. 山あいの温泉街

A7. 外の景色がよく見渡せるリビング

A8. 家の建て方は十人十色、どの建て方が必ずしも正解というものではないと思います。皆様がそれぞれ本当に信頼できる設計者と巡り会えることをお祈りいたします。心に余裕を持ち、広い視野を持って、良い出会いを生み出す準備をしてください。そして、サービスを受ける、物を買うという意識ではなく、クライアント自らが主役であると強く思い、我々建築のプロを上手に活用してください。そうすれば「暮らしの幸せを育む」本物の家づくりを味わうことができると思います。

北條豊和

Toyokazu HOJO

1985年堺市生まれ和泉市育ち。2009年 京都府立大学人間環境学部環境デザイン学科卒業。設計事務所、不動産会社勤務を経て、2015年開業。専門性の高い医療・社会福祉施設の設計を主軸としつつ、幅広い設計活動を行うとともに、伝統建築の研究や文化財の保存活動を行っている。

北條建築事務所

594-0011 大阪府和泉市上代町826-2
tel：0725-43-6502
mail：office@hojo-archi.jp
web：https://www.hojo-archi.jp/
SNS：Instagram @hojo_architects_office
@toyokazu_hojo
Facebook「hojo.architects.office」

web

1 20歳ごろから撮りためてきた全国の石垣写真は30万枚ほどにもなる。
2 地元のFM局でパーソナリティを務める番組「日々是建築」は4年目。
3 仕事のデスクは床を落とした掘りごたつで。
4 独立開業した際に、師匠の小田裕美さんから贈られた熊本城の版画。

森垣知晃

Tomoaki MORIGAKI

rivet design office

兵庫

リビングからテラスを見る

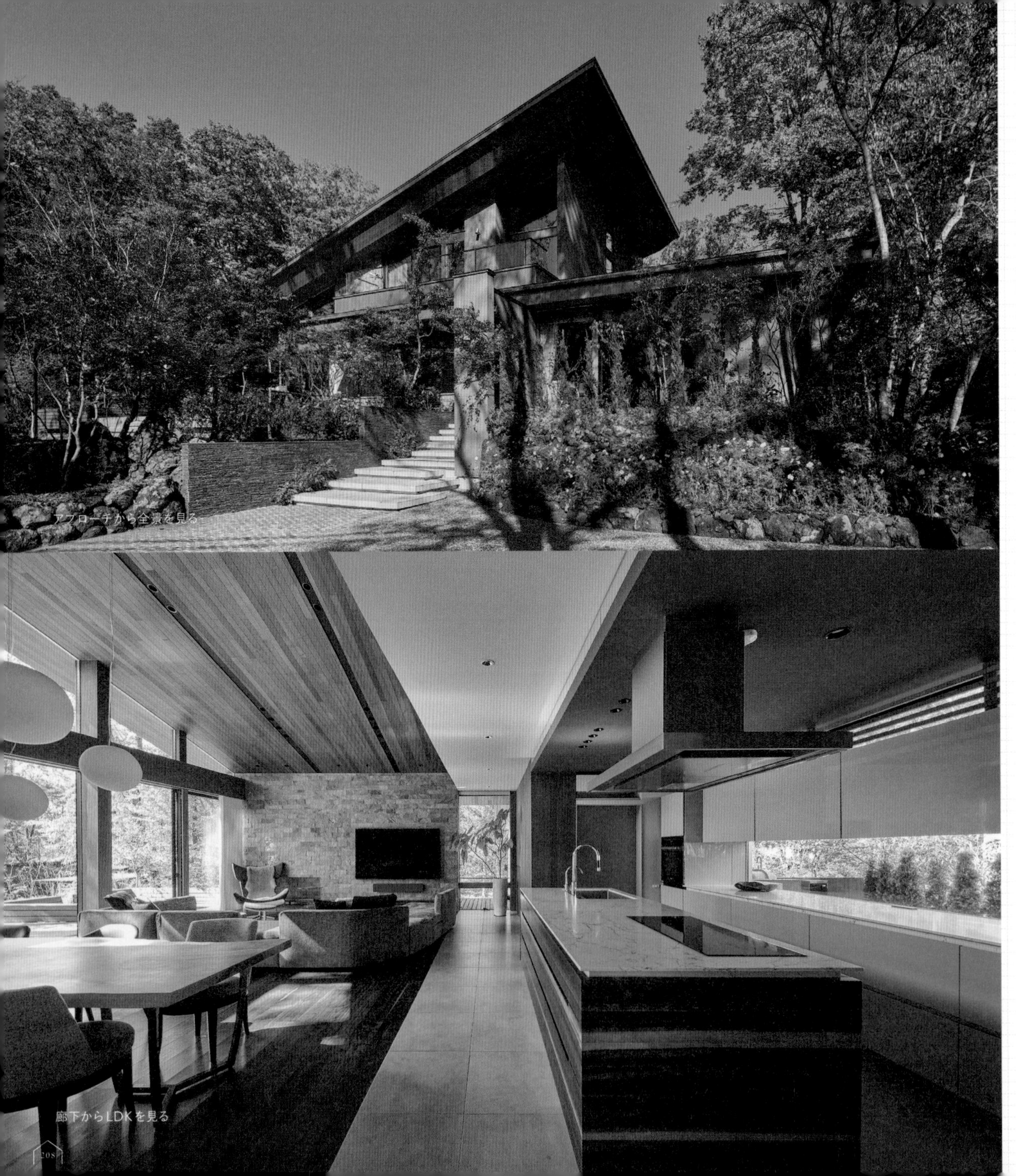
アプローチから全景を見る

廊下からLDKを見る

階段から玄関を見る

デッキからアプローチを見る

浴室から洗面を見る

寝室から庭を見る

Green base

自然と共生する暮らしの提案

Point

軽井沢追分に都心から生活の拠点を移したいと希望されたクライアントの住居の提案。メイン道路から森の中へ続く道を通り抜けた先にある、自然豊かな場所の一角が今回の敷地であった。ここに住居を構える意図は明確で、都心で得られない豊かさを求め、自然と共にある暮らしのできる空間を提案することを考えプランを進めることにした。玄関は外部空間と連続的に繋がる雰囲気を持たせ、吹抜けとすることで庭を通り抜けるような開放感が得られるよう考えた。玄関ホールから東をプライベート空間とし、平屋のボリュームとして籠るような落ち着きある雰囲気とし、各室からはそれぞれ外部と繋がる大きな開口を設けている。玄関ホールから西をパブリック空間に。開放的な玄関ホールからトンネルのようなギャラリースペースを通りぬけて、気持ちの良い大空間のLDKに招くことで、よりダイナミックに感じ印象に残る空間となるよう考えた。日々の暮らしの中で、窓を開けて風が通り抜けるのを感じたり、ファイヤープレースで火を囲んで語り合ったり、自然と共に暮らす豊かさを感じながらクライアントが心地よく暮らしていくことを願う。

竣工年：2022年
所在地：長野県北佐久郡軽井沢町
敷地面積：1300.94㎡
施工：新津組
造園：星秀園
造作：中川デザインプロダクツ
照明計画：大光電気

STORY

住宅の「設計」を語る

設計を仕事に選んでもうすぐ20年。まだまだ長いとは言えない期間であるが、色々なご縁を頂き、自分のアトリエを持ち、設計の仕事を続けさせて頂いている。クライアントから仕事の依頼が無ければ、アトリエの運営を続けていくことも出来なくなる。そんな不安もありながら、日々仕事と向き合い、共にしてくれるスタッフの皆、関係業者の皆さまにも支えて頂きながら、今日まで続けることができた。数多あるアトリエの中で「rivet design office」に設計を依頼して頂いたクライアントのご希望に沿えるよう、打合せを重ね図面を起こす。時には、金額調整等で共に悩んだりしながら、検討を重ね解決していく。

時間をかけて、0からスタートしたものが、完成した際の喜びは、住まい手、作り手共に今後の活力となる。住宅とは、生きる上での「生活の重要な拠点」。今後も、クライアントの拠点作りの一翼を担わせて頂ければと思う。

森垣 知晃

QUESTION

建築家へ8つの質問

A1. アトリエでは常に、何かしらの音楽を流して仕事をしています。聞き流す程度ですが曲目の変化で季節を感じたり、懐かしい音楽が流れると、ふと当時を思い出したりと、頭のリラックスになってるような気がします。

A2. よく提案させて頂くのは、季節感を感じる落葉樹。
アオダモ・コハウチワカエデ・ドウダンツツジなどは、葉が小さくそよ風にゆらぐ様が繊細で美しいと感じます。

A3. フランク・ロイド・ライトの落水荘。自然との調和、環境と外観のプロポーションが絶妙だなと思います。いつの日か訪ねたい。

A4. 四季の移ろいを感じることのできる旬のもの。

A5. 朝一アトリエでコーヒーを飲みながら、スタッフの日報等に目を通し、本日の予定・内容等を頭の中で整理すること。

A6. 樹々の間を通り抜ける爽やかな風の音や、水のせせらぎが聞こえたり、水面にうつる光や炎のゆらぎが見える等、自然を優しく感じることのできる場所。

A7. 自分の住まいに限らず、住宅については人・家族が集う場所（多くはダイニングやリビング）を、生活スタイル、ご希望に沿った生活空間の大事な拠点に出来るように考えています。

A8. 建築はとても大きな買い物であるのに、最初は形も無く、思い描くものが漠然としていて不安な部分も大きいかと思います。
住まい手と作り手が打合せを重ね、図面を作成し、工事が進み、徐々に実際の「形」となるプロセスを経て、完成した建築、気持ちの満足度は格別のものだと思っております。

森垣知晃

Tomoaki MORIGAKI

1981年大阪府生まれ。関西大学工学部建築学科卒業。工務店および設計事務所勤務を経て、2011年 リベットデザインオフィス設立。2017年7月法人化。

rivet design office

659-0022 兵庫県芦屋市打出町2-16
コモディータ芦屋202号
tel：0797-61-4510
mail：info@rivet-d.jp
web：http://rivet-d.jp

web

1 芦屋のビル内に構えたアトリエにスタッフが7人。
2 さまざまな資材の実物サンプルがあちこちに。
3 いつかは訪ねたいフランク・ロイド・ライトの落水荘の写真がかかる。

八木康行

Yasuyuki YAGI

ステュディオエイト
アーキテクツ

兵庫

茜色の空と全景

海のある風景を享受する大開口

マジックアワーに包まれるテラスとリビング

柔らかい光の織りなす和の空間

木とコンクリートと漆喰で構成されたLDK

質感醸し出す光うつろう玄関ホール

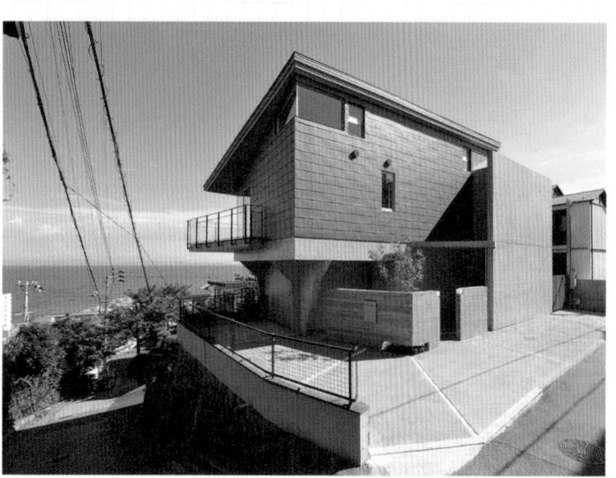

海を見渡せるロケーション

見晴らしの家

海と山を望む潮風の抜ける住まい

Point

海と山に囲まれた小高い丘の中腹にあり、夕景に染まるマジックアワーを体験できる神戸らしい敷地に建つ住まいです。そのロケーションを活かし施主要望であったプライバシーと落ち着いた生活を満たしつつ、自然の風景と季節（トキ）の移ろいを暮らしに取り込むことを目指しました。ベアリングウォール（壁式構造）で持ち上げ跳ね出した2階は、生活の中心となる部屋を配置しています。施主が一日の多くを過ごすLDKの四隅を開口部で切り取ることで、厚さ250ミリに及ぶ屋根スラブの重量感を感じることなく、コンクリートというリジットで質量のある素材で包み込むことで、とても静かな住空間を獲得しています。2階南東隅のテラスに面した大型サッシュを設けて絶好の見晴らしを享受しつつ、LDKや玄関のハイサイドサッシュから差し込む陽射や和室縁側の障子、浴室外の坪庭の植栽等を介して、時刻（トキ）が廻るのを日々感じながら過ごせる住まいとなりました。

竣工年：2022年
所在地：兵庫県神戸市
敷地面積：273.49㎡
施工：コハツ
構造設計：STRデザイン
写真撮影：studio-8

STORY

Talk About「旅と建築家」

建築家は旅がとても好きである。なぜならまず好奇心が強いから。そしてどこへ行っても人がいる限り建築と街は存在するからである。ル・コルビュジェは、若い頃東方への旅をした。私も二十代の頃、中近東の国々を巡った。エジプト・ソハーグの外れにある原始キリスト教の半ば廃墟となった修道院、シナイ半島モーゼ山麓にある聖カテリーナ修道院やシリア砂漠のオアシス都市パルミラ、観光客など殆どいなかったイスタンブールのアヤソフィアなどを訪ねている。旅で巡った建築や都市は、私の建築体験の原風景として身体と脳裏の奥底にしっかりと刻まれている。

今年、新たな旅の記憶が重ねられた。南米への旅である。そこで食べたものや嗅いだ匂い、そして身を置いた建築空間、歩いた都市の街路や喧騒、アマゾンやイグアスの瀑布、それらすべての記憶は私の中で生々しく醸成される。これらはきっと、私の手を通してまた何か形を生み出す原動力となるに違いない。夢はさめても旅の記憶が冷めることは決してない。

Yasuyuki Yagi

QUESTION

建築家へ8つの質問

A1. 建築本や美術本を眺めるのが好きです。映画は一人でもこっそり見に行きます。
音楽は常に身近な存在ですが、キースジャレットの音楽は十代から人生の友です。

A2. 娘の生まれた初秋に香りを放つ金木犀は子供の頃から好きです。背景計画井上洋司氏に教えていただき、
施主施工で種子を蒔いた地被植物ディコンドラが、とても手軽で優れていることを最近知りました。オススメです。

A3. 代官山ヒルサイドテラスは、日本が誇るヒューマンスケールを備えた都市住宅の最高傑作です。その佇まいは大仰ではありませんが、地域の街並みや魅力を底上げし、街の発展を誘導誘発するキーストーンであったと思います。

A4. トマトとタマネギ。ビールはトマトジュースと割って(レッドアイ)家でも飲んでいます。
最近はコストコで購入しているオニオンスープにはまっています。オニオンスープは、今のところコレが一番美味い。

A5. 自転車に乗って膝と筋力の衰えに対して必死にもがいて抵抗しています。

A6. もちろん心地よい風が抜け、目に優しい柔らかい光が溢れるところです。丘の上でも家の中でも、夜でも昼でも。

A7. 都内のサテライトオフィス兼住宅に秘密のアジトみたいな感じで時々篭っています。東京はもはや海外と同じで
新しい刺激と情報に触れる場として捉えています。子供の生まれ故郷でもあるので、第二のホームタウンです。

A8. 建築は諦めの早い人やせっかちの人には向いていないと思います。
じっくり考え取り組める方とともに、どこにもないただ一つのすまいを一緒につくりあげていきたいと思います。

八木康行

Yasuyuki YAGI

神戸市出身。1989年 千葉大学大学院工学研究科修了。株式会社南條設計室を経て、1998年 ステュディオエイトアーキテクト設立。2007年から関西大学非常勤講師。受賞歴はJIA優秀建築選、兵庫県知事賞など。

ステュディオエイトアーキテクツ

650-0021 兵庫県神戸市中央区三宮町
3丁目9-8 33-Bldg.3F
tel：078-327-2480
mail：infos@studio-8-arc.net
web：https://studio-8-arc.net

web

1 アトリエは、三宮センター街にある自身で設計したビル内に。
2 趣味のカメラでは竣工写真や人物撮影なども。
3 還暦まで通っていたサッカースクールの記念ユニフォーム。
4 旅のマグカップコレクション。

山﨑康弘

Yasuhiro YAMASAKI

シンプレックス
一級建築士事務所

兵庫

窓から入る光がそれぞれ異なる陰影をつくる

階段のデザインもそれぞれ異なる

線路沿いの道路側壁面には窓を設けていない

ハイサイドライトからの光が室内を照らす

緑に沿って玄関にアプローチしていく

2階の中庭から緑に染まった光が差し込む

本山中町の家

大きな吹き抜けが家族をつなぐ家

Point

線路沿いの道路に北側の間口が接した敷地に建つ個人住宅です。RC造として建物質量を増やし、線路から近い部分には必要最小限の開口部を設けて夜間の騒音対策としました。1階部分は駐車場にある程度面積を取られるために、2層吹き抜けの家族スペースを設けて空間の広がりを持たせ、キッチン上部にはスタディコーナーを設けて、家族スペースと一体的な空間としました。個人のスペースは2階に設けており、階段を2箇所設けて、一部を駐車場上部に跳ね出し、それぞれの個室と中庭が家族スペースに直接つながっていると感じられるように配置しています。室内の仕上げはできるだけ素材の色彩をそのまま活かした落ち着いた色合いとし、水回り以外はカーペットを敷き込み、家族スペースにはあえて段差を設けることで直接床に座るきっかけをつくり、家具などによって一定の位置に固定されがちな家族のスペースのどこでも過ごせるように計画しています。

所在地：兵庫県神戸市
竣工年：2021年
敷地面積：136.94㎡
施工：西友建設
構造：片岡慎策
造園工事：GREENSPACE
照明計画：DAIKO
プランター：ヤマナカ産業
写真撮影：平 桂弥

STORY

住宅の「バランス」を語る

突き抜けたデザインができるわけではなく、かといって機能的だけどかっこよくないものをつくりたくはない。自分の設計を振り返って思ってきたことは中途半端だなということ。でも歳を重ねてきて最近それもまたよしと思う。クライアントの要望に対して、デザイン、機能、コスト、環境、社会性など全部をこだわって決めていく。クライアントに満足してもらえるように建築をつくるのが建築家の仕事なんだと頭の中では思っている。そして、それが特に住宅となると不特定多数の人が使うような施設のような配慮が不要になって、極端に言えば法令を遵守していれば何をしても良くなってくる。でも、夏暑くてもいいですから、将来ボロボロになってもいいですからと言われても、多分ハイハイといってつくらない。クライアントの要望にピッタリあうものをつくってしまえばよいのに、いま想像がついていないものまで含めたバランスを考えてつくってしまう。デザインが尖っていなくても、中途半端に見えようが、何十年か先に頼んでよかったといわれるようなバランス感覚でこれからも住宅を設計していきたい。

山﨑康弘

QUESTION

建築家へ8つの質問

A1. COTEN RADIO。ながらで聴くことが難しいので移動の時間に集中して聴いています。知ることが楽しくなる配信。

A2. ドライフラワーになってきれいな植物。色抜きで花や葉の形で勝負してかっこいいと感じさせてくれるから。

A3. 谷口吉生の土門拳記念館。素晴らしい立地に建つその外観の美しさ、選りすぐられた素材、一瞬の隙もないディテールをあわせ持っていながら、展示物や使う人のためにつくられている建物だと実感できるところが好きです。

A4. 寿司、それとタバスコハラペーニョソース（緑のやつ）と合う食べ物。生魚と米を食べられる環境に幸せを感じる。美味しいものにちょっと酸っぱ辛いソースかけると何倍にも美味しく感じられる。

A5. 事務所と自宅の掃除。変化や違和感に敏感でいるためのトレーニングみたいなものと思って続けています。

A6. 壁と開口部がバランスよくある空間。その日の気分にあわせて居場所を選んで過ごすことができる。

A7. 家族スペースのカーペット敷の3段階段。ちょっとものを置いておいたり、座って家族と話したり、爪切ったり、テレビをちらっと見たり、寝転んだり、といろんなきっかけになる場所。

A8. 建築家って気難しいイメージがあるかもしれませんが、上手に使ってもらうと想像以上の仕事を苦しみながらも喜んでやってしまう人たちなのかなと思っています。どうぞ手のひらの上で本人に気づかれないように転がしてみてください、そうすればきっといいものができますよ。

山﨑康弘

Yasuhiro YAMASAKI

1999年神戸大学大学院自然科学研究科建設学専攻修了。明和工務店設計部を経て、1999年にSIMPLEX共同設立。2005年有限会社シンプレックス一級建築士事務所設立。

シンプレックス一級建築士事務所

659-0071 兵庫県芦屋市前田町5-8
tel：0797-25-0802
mail：info@simplex-arc.com
web：https://www.simplex-arc.com/
SNS：Instagram @simplex_arc/
Facebook simplexarc

web

1 国道2号線沿いにあるアトリエ。自宅から自転車で通う。
2 これまでに手がけた建築模型を同じサイズの箱に収めている。
3 来客のある時は並びにある花屋で花を買う。それがそのままドライフラワーに。

山下喜明

Yoshiaki YAMASHITA

山下喜明
建築設計事務所
Yoshi Architects

奈良

2階LDK（オーシャンビュー）

海側外観

2階洗面（スカイビュー）

1階アップドラフトエアシャフト（気流庭）

2階ロフト ツリーハウス巣箱に見立てた子供のプライベートスペース（マウンテンビュー）

1階ガラス工房

海／空／山とガラス工房のある家

22坪に5人家族で暮らす

Point

白浜（白良浜）から千畳敷方面へ、三段壁を越えた県道沿いに建つ工房付き木造2階建て住宅。明治から大正にかけてガラスの原料として白良浜の砂が採掘されていた由来から縁を感じ、この地を選んだというクライエントは吹きガラス工芸作家。1階全てを工房とするため、家族の生活は2階（22坪）で完結させなければならない。また工房は炉が24時間稼働するため、昼間は海側のフルオープン開口部から海風を取り込み、山側のハイサイドガラスルーバーから排熱するとしても防犯上、夜間の排熱も課題となる。と、これらの課題を「ツリーハウス・コンセプト（巣箱と木の下の広場）」と「アップドラフト・エアシャフト（山風と上昇気流を利用した気流庭）」で解決しつつ、海にばかり意識が向きがちなこのロケーションで「海（居間）」「山（個室）」「空（浴室・洗面脱衣室）」と3つの異なるビューを持つ空間を用意しました。

竣工年：2020年
所在地：和歌山県西牟婁郡白浜町
敷地面積：200.30㎡
構造設計：門藤芳樹構造設計事務所
施工：駒場工務店
写真撮影：冨田英次

STORY

住宅の「植栽」を語る

この仕事で嬉しい瞬間は、自分が設計した建物の完成時よりも、その建物に植物が添えられた時。それは建物だけでは出ない空気感・世界観が生まれる瞬間だからかも。植物の持つ「日除け」「冷気発生(天然のクーラー)」「目隠し」「防風」「ヒートアイランド抑制」といった『機能的効果』の他、「風がサワサワと木の葉を揺らす音」「揺れる木漏れ日」「木の葉越しの太陽や月の光」「木々に集まる小鳥の声」「瑞々しい新緑から紅葉への移ろい」「冬枯から花が咲く楽しみ」などの『視覚・聴覚的癒し効果』もあり、また新芽や実が食べられる植物による「食べられる庭」も自家製野菜同様に健康的です。
これら計り知れない程の恩恵を「落ち葉問題」等からみすみす放棄するのはとても勿体ないこと(私は植栽を「環境問題」というより現代人の抱える「心身問題」の解決策として捉えています)。せっかく戸建住宅や自然素材にこだわったのなら植栽にこだわってみるのもオススメですよ。

Yoshi Y.

QUESTION

建築家へ8つの質問

A1. 本:『アナスタシア ロシアの響き渡る杉』、『アミ 小さな宇宙人』 映画:西の魔女が死んだ
音楽:朝はクラシックかフュージョン、昼はボッサ・ノヴァ、夜はジャズ

A2. 万葉植物(茶花)200種以上育てています。植栽ならアオダモ、アズキナシ、雑木系落葉樹。
最近は「食べられる庭」としてハーブ、ベリー、果樹系も。

A3. ミニマルなモダニズム建築も好きですが、他方、日本の風土に合った素朴な建築も好きです。

A4. 自分の畑(自然農)で育てた野菜を(調理法問わず)採ってすぐ食べるのは美味しいですね

A5. 「瞑想」「24時間断食(1日1食)」「自然との対話」「空を見上げる」

A6. 週末住宅裏の川沿いの土手の木陰に素足で横になって、木漏れ日や流れる雲、風を感じながら鳥の声を聞くのが至福の時間。
あと星空の下で寝るのも心地よいですね。

A7. 自邸では「オープンエアリビング」と呼んでいる大屋根の下の半屋外居間

A8. 設計で意識していることは「どこに居ても常に意識が外に向く」こと。流れる雲や青空、雨や風の匂い、鳥や虫の声、太陽や月や星の光、土の柔らかさ…それらを感じられる建築。どんなロケーションでもまずはそこから「豊かさ」を探求します。

山下喜明

Yoshiaki YAMASHITA

1963年大阪市生まれ。大阪工業大学卒業、1994年 山下喜明建築設計事務所設立。受賞歴は、奈良県景観調和デザイン賞 審査委員長賞、LIXILデザインコンテスト 審査委員特別賞、サンワカンパニーデザインコンペ 優秀賞、JIA KINKI住宅部会賞、その他多数。

山下喜明建築設計事務所
Yoshi Architects

630-8325 奈良県奈良市西木辻町256
カイナラビル3F
tel：090-1912-3895
mail：info@yoshiaki-yamashita.com
web：yoshiaki-yamashita.com
SNS：Instagram
@yoshi_yamashita @yoshi.architects
Facebook「yamashita.ycf」

web

1 近隣のタクシー会社が所有する、長年使われていなかったビルの3階をアトリエに。
2 若草山の山焼きなども共用スペースの屋上からよく見える。仕事終わりにちょっと1杯飲んだり、気持ちのいい日には大の字に寝転んだり。

横関正人＋横関万貴子

Masato YOKOZEKI + Makiko YOKOZEKI

NEO GEO

大阪

南側外観。屋根勾配は山並みと合わせまちに馴染ませている

家族室・食事室・キッチンを見る

南西外観。カーポートから庭を通して建物を見る

家族室の勾配天井に水蓄熱冷暖房の自立した黒いダクトが見える

家族室・縁側・外部への広がりを見る

アプローチから玄関を見る

家族室から和室・オープンにした縁側を見る

八鹿の家

人と環境とまちなみにやさしい家

Point

敷地に面した旧街道沿いである八鹿地区は、明治から昭和初期に建築された建物が多く残り、それぞれの時代背景や流行のデザインを取り入れた建物が、旧街道の緩やかなうねりに沿って立ち並び、歴史的変遷がうかがえるまちなみが形成されている。主屋である町家はうだつのある伝統町家でその住宅の離れの建替である。外観は「養父市景観計画」に基づき計画している。建物は平屋で計画をした在来木造の住宅で、木材は国産材を使い構造材や造作材に杉と桧の無垢材を使用し、温かみがあり、広がりのある空間とした。また、この地域は冬は雪深く寒さが厳しいため、水蓄熱冷暖房（床下に設置した壁掛エアコンで全館を空調）を取り入れ、単にデザインだけでなく、夏と冬に快適に生活できる住宅として設計している。年間を通して一定の熱環境が保てるシステムとなっている。

竣工年：2022年
所在地：兵庫県養父市
敷地面積：389.98㎡
構造：隆建築設計事務所
施工：オプス
木材：高柴林業
造作家具：匠家具工芸
造園：山中三方園
写真撮影：絹巻 豊、松本憲洋

STORY

「やわらかい建築」を語る

クライアントとじっくりと話し合い納得しながら進めていく「やわらかい建築」を提案します。建築する地域・風土にあった環境に合わせた使いやすいデザインが必要です。また、デザイン優先の建築ではなく、デザインと構造、環境への配慮の融合が大切だと考えます。以上のことを踏まえ私たちは「4つの設計理念」を元に設計を進めます。「地域・風土としての建築：建築は公共性があり地域に与える影響が大きく配慮が必要」「空間としての建築：自然が感じ取れる光や風、室から庭へつながる連続性を考える」「素材としての建築：永く使える素材で共に経年変化を味わうことが出来る材料を使用」「使い手参加の建築：他人任せではない一緒に楽しみ、創り手と建築づくりを共有する」。

横関正人
横関万貴子

QUESTION

建築家へ8つの質問

A1. 本：手塚治虫、星野之宣、諸星大二郎の作品　映画：時計仕掛けのオレンジ　音楽：ザ・ビートルズ、坂本龍一

A2. トサミズキ

A3. 日本だけでなく世界中にある地域性のある自然発生的に形成された本物のまちなみ

A4. 日本食

A5. 犬（豆柴）の散歩

A6. 歴史を感じることが出来るやすらぎのある本物のまちなみ

A7. 庭とのつながりを感じながらリビングで落ちつくヒュッゲなコーナー

A8. 私たちの設計理念は「伝統と革新」です。伝統を大切にし、そこに常に新しい要素（デザインや構法など）をプラスしていくことを目指しています。内外部とのつながりを配慮し新しいつながりのある空間を提案し、耐震性能・建物環境を両立した新しい住まいを設計します。

横関正人
Masato YOKOZEKI

1962年兵庫県生まれ。1984年福井工業大学工学部建設工学科卒業後に、有限会社コンコード建築設計事務所へ。1991年横関正人建築研究所設立。1994年有限会社NEO GEO設立。

横関万貴子
Makiko YOKOZEKI

1964年大阪府生まれ。1994年大阪府藝術大学芸術学部建築学科卒業。2012年京都大学農学研究科森林科学卒業。同博士課程後期単位取得認定退学。2001年有限会社NEO GEOへ。

NEO GEO

584-0033 大阪府富田林市富田林町10-33-1
tel：0721-23-7910
mail：info@neogeo-inc.com
web：https://www.neogeo-inc.com
SNS：X・Instagram @neogeo_inc
Facebook「neogeo.inc」

web

1

1

3

1

2

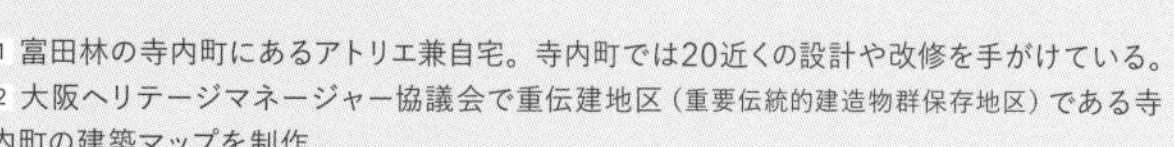

1 富田林の寺内町にあるアトリエ兼自宅。寺内町では20近くの設計や改修を手がけている。
2 大阪ヘリテージマネージャー協議会で重伝建地区（重要伝統的建造物群保存地区）である寺内町の建築マップを制作。
3 打ち合わせスペースは、まちに開かれたギャラリーとしても活用される。

建築家と一緒に、住宅から街並みを考えてみる

文・前田圭介（建築家／近畿大学工学部 教授）

『いっしょに家をつくりたい建築家38人』の出版おめでとうございます。この建築家カタログを著したJIA近畿支部住宅部会の企画に関わる機会をいただき大変光栄に思っています。僭越ながら多くの素晴らしい応募作品の中から審査員として38作品を選ばせていただきましたが、どの応募作品も今日的多様な建主の状況を映し出すかのように多くのバリエーションがありました。加えて、どの住宅も与条件の特性と向き合い、悪戦苦闘しながら導かれたであろう回答も実に多彩でありました。したがって、これからの家づくりを考える建て主にとって良著になることを確信しています。

さらに誌面のなかでは建築作品とあわせて、それぞれの建築家が自身や建築について記したコメント文と8つのＱ＆Ａから、各建築家の関心の所在や個性が垣間見られるのもこのカタログを一層特徴的なものにしています。出版に際して、住宅から考える街並みと建築家の職能について触れてみたいと思います。

住宅と都市の関係性

1950年代に「機能主義」に傾倒するモダニズム建築を批判的に捉え、CIAM（※近代建築国際会議）を解体へと導いたチームXのメンバーでもあるアルド・ファン・アイクは次のように述べています。「本当に素晴らしい住宅は都市のようでもあるはずだし、また本当に都市らしい都市は大きな住宅のようなものであるはずだ」。つまり、私たちが普段接している街並みは住宅の集積によって形成されているといえます。それは生物世界が階層構造を細胞・個体・群集などの相互連鎖をもっているように、街並みにおいても様々な階層構造をもっているのではないでしょうか。たとえば、微視的に見れば住宅における個人の空間から家族との共有空間へと階層があり、巨視的に見れば、住宅の単位から街路、街区そして地域、都市へと拡張しながら、各要素が相互作用する階層性を持っていると捉えることができます。したがって、住宅は街並みを形成する重要な要素のひとつであると考えることができます。

住宅形式における現在

次に日本においては、21世紀初頭をピークにゆるやかに人口が減少し、近代化がもたらした都市化や生活文化の均質化は、今日の情報化社会において様々な諸問題を露呈しつつあるといえます。縮退する社会の一方、大都市では飽くなき要請に応じる再開発の波は留まることを知らず、加速度的に変貌し続けています。果たして現代の都市やまちに住む人たちにとって、それは幸せで魅力的な環境と言えるのでしょうか。私は広島県福山市という生まれ育った地を拠点に活動をしていますが、大都市と地方都市の人口変動による格差を感じることがあります。そのような近代以降の社会変化によって地方都市及び郊外における地域コミュニティは衰退の一途をたどりながらも、近年まちへの活力が見直されてきていることに新たな萌芽があるように思います。それは都市やまちを構成する建築群は単体の建築だけで完結するのではなく、周辺との関係において人との相互連関を促す空間が極めて重要になりつつあるからです。

近代以降の都市化と軌を一にして、工業化における標準

化された機能と形態は、大量生産を可能とし世界を均質化してきたといえます。現在の日本社会における均質化を表象しているもののひとつとして、戦後からの住宅が挙げられると思います。標準化されたnLDK家族モデルの形式は、土地とあわせながら共同体の性質までも消失へと向かわせていった経緯があります。現代社会はますます多様化し情報革命におけるメタバースなど、私たちの生活を取り巻く環境は極めて複雑で多元的になってきています。その一方で、実空間におけるコミュニティの基礎単位ともいえる住宅形式は、いまだに姿形が変化しようともその根幹は揺らいでいないように見えます。とはいえ、現代における共同体の中で育まれる家族像は変化してきています。この点にnLDK形式を超克する兆しがあると感じますし、まさにこのカタログに掲載されている住宅作品群がそれを証左しているようにも思います。つまり多様な価値観を持った建て主たちにとってこの形式はもはや無効であるからです。

ゆえに様々な地域における建築家の役割があるといえます。

建築家の職能

今日、両親が建てた住宅を継承しない風潮や耐震性の問題などを理由に築50年を迎えることなく、解体されていく住宅や建築がいかに多いかという課題があります。そこへ向けて建築家が能動的に介入することによって継続性を持たせることができないでしょうか。建築は誰かに必要だと強く希求されて建て築くものであります。すなわちこの世界に生まれてきた建築は、育てあげるべきであり、生み出す過程にも同様の責務があるといえ建築家はその同伴者であります。その関係は大小の規模に関係なく常に付きまとうものであり、建て主の要請によってはその調整は混迷を極めることも想像に難くないでしょう。しかし、そのような状況においても安心させるための話し合いに努め、建築という実空間の提案をもって改善ができるのが建築家の職能であるといえます。

建築を継続していくにはソーシャル・サステナビリティの観点が重要であります。つまり時間の経過と共にどのように変化し味わい深くなっていく素材なのか、またはその耐久性を踏まえた交換時期のタイミングなど、社会の継時的変化にあわせて診断できるような町医者的＝コミュニティ・アーキテクトとしての働きが地域の建築家には求められているといえるからです。建築は竣工してからが始まりであり、手を掛けながら互いに育ちあう関係性を建て主と共に築いていくことが重要であるでしょう。したがって建築家は生まれてこようとする住宅や建築について、建て主に対して丁寧に向き合い続けることが基礎的な在り方だといえます。

生気あふれる街並み

最後に、真に生き生きとした街並みとは時間を経た古いものと新たなものの混成のなかで生まれるべきであると思います。そこに新旧が複合し互いに連関するコミュニティが形成されるのではないでしょうか。そのような街並みを住宅から考えていくことが何よりも重要であると私は考えています。

したがって建築家は新たな地平を拓く多様な価値観を持った職能として、さらなる能動的な介入が希求されているといえます。

「都市とは、その通りを歩いているひとりの少年が、彼がいつの日かなりたいと思うものを感じとれる場所でなくてはならない」。ルイス・カーンの言葉にあるように、その街に住む多層な人たちにとって豊かな未来の姿が想像できる、そんな街並みであることを願って。

建築家と家をつくる手順

STEP1

まずは建築家に相談するところから

本書を参考に建築家を選んだら、まずは建築家に連絡を入れてみてください。建築家選びにあたっては相性や価値観を確めることも大切です。建築家と話をする際には、住まいに対する考え方やデザイン、仕事の進め方なども確認してください。また、家づくりのために想定している予算計画についても建築家に伝えましょう。その全体予算に基づいて、おおまかな建設費、設計費、諸経費などを割り出すことができます。

STEP2

どんな家を建てたいのかを構想する

建築にはたくさんの法律、敷地条件や予算といった制約が関わります。そのための現地調査や行政との打ち合わせも欠かせません。建築家は、依頼いただいた要望、条件、ライフスタイル、将来設計などをもとに住まいづくりの方向性を考え、必要に応じてプレゼンテーションを行います。建築家との話を深めるためにも、自身の暮らしやライフスタイルについても一度考えてみましょう。

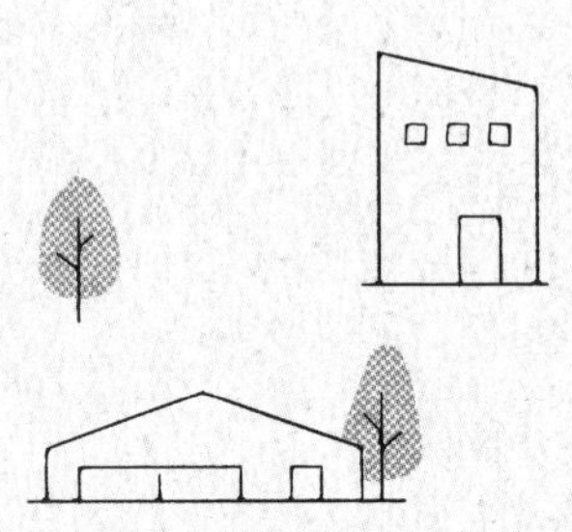

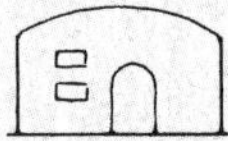

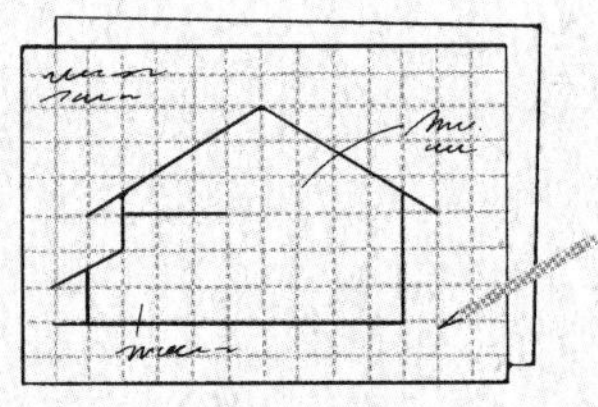

STEP3

建築家が基本設計を進める

依頼主と建築家が「設計監理業務委託契約」を結ぶことで、正式に設計依頼となります。設計料は工事費の12～15%が目安です。依頼主の希望とともに、安全性、快適性、近隣の町並みや環境などにも配慮しながら、建築家は構想を進め、建築の規模やかたちを決定し、基本設計図をまとめます。

本書を手にとって建築家と家づくりを始めたいと思ったら、まずは気軽に建築家に相談してください。
そこからどのような流れで建物ができるのか、一般的な流れをご紹介します。
なお、建築家によって進めかたは多少異なります。

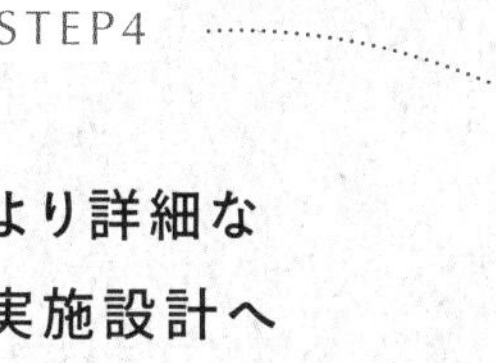

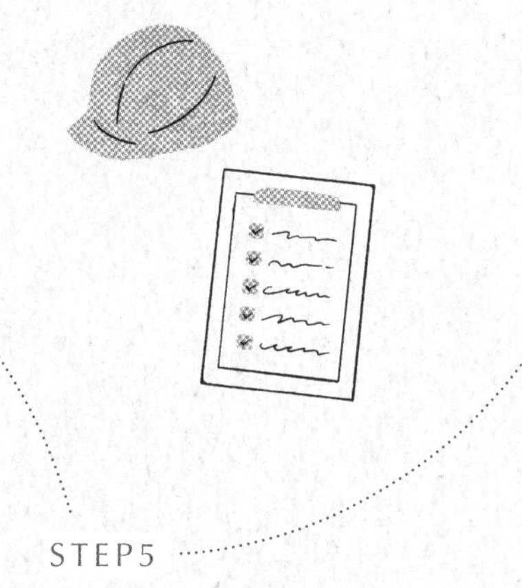

STEP4

より詳細な実施設計へ

基本設計の構想をもとに、さらに依頼主との打ち合わせを重ねて、より詳細な図面、仕様書などを作成します。こうして作成された実施設計図書が後に施工者選びと工事の請負契約のもとになります。またこの段階で、住まいが法律にのっとった建物であることを所管の役所や指定確認検査機関などに確認してもらう手続きをします。

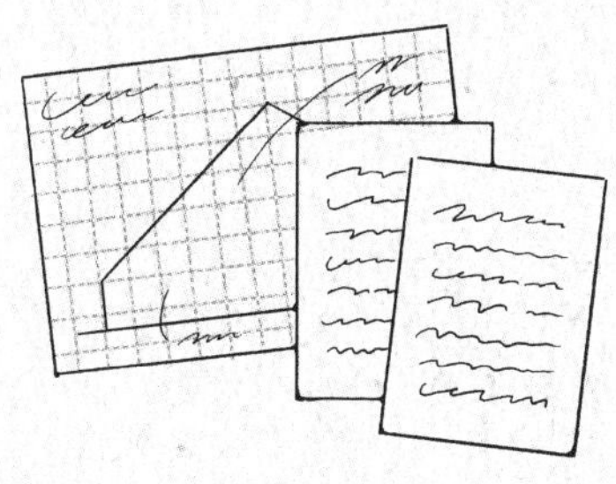

STEP5

工事スタート その監理も

工事を行うにあたって、建築家は施工業者選びのアドバイスをします。施工者を決定すれば、工事の期間中、建築家は依頼主に代わって適正な工事が行われているかを監理し報告します。工事が完成したときには三者が立ち会い、建築家は業務の完了を書類で報告、承諾を得ます。

STEP6

建物が竣工！ それからのこと

こまめに手入れ、点検を行うことが長く快適に住まうための基本です。住まいが完成して依頼主と建築家の関係が終わるわけではありません。アフターケアなどの業務を通じて、住まいに関するよき相談相手として関わっていきます。

編集後記

日本建築家協会の中では多様なグループが活動をしています。そのなかでカタログ委員会というのは建築家を紹介する「建築家カタログ」を発行するために発足しました。

「建築家カタログ」は1993年6月に第1集が発行され、1996年7月の第2集と続き、そして、ついに本書『いっしょに家をつくりたい建築家38人』(JIA住宅部会カタログ第10集)となりました。今回は、関西だけでなく、四国と東海のエリアからも参加していただくことでより広範囲から良作を集めた中で、審査委員長の前田圭介さんによる選考会にて厳選された作品を掲載しています。

そんな選び抜かれた建築家たちが住まいについてどう考えているのか？ どんな事務所で仕事をしているのか？ 共通の質問についてどんな答えを出しているか？ それぞれの人柄を想像しながら楽しんでください。

私自身、公益社団法人日本建築家協会という団体に参加するまでは、どういうものか知識もなく、建築家のあつまりということは、気難しい堅物の集まりなんじゃないかと思っていました。実は多くの方が気さくで陽気でまじめです。仕事に対してはストイックで頑なかもしれないですが、個性的で魅力のある人たちの集まりです。

そういう建築家の個性が表現されて、世間のみなさまに「建築家」を少し身近に感じていただけたら成功かなと思っています。

藤本高志（建築家カタログ委員長）

編集　竹内厚
デザイン・イラスト　坂田佐武郎・桶川真由子（Neki inc.）
写真　坂下丈太郎

いっしょに家をつくりたい建築家38人

発行日　2024年4月15日　初版発行

著者　公益社団法人 日本建築家協会 近畿支部
住宅部会 建築家カタログ委員会

発行者　片山誠
発行所　株式会社青幻舎
604-8136 京都市中京区梅忠町9-1
TEL 075-252-6766　FAX 075-252-6770
https://www.seigensha.com

印刷・製本　株式会社シナノパブリッシングプレス

ISBN978-4-86152-952-8 C0052

建築家カタログ委員会

藤本高志、大西憲司、岡田良子、川添純一郎、栄隆志、
杉山圭一、西本寛史 、長谷川総一、福山亮介

公益社団法人 日本建築家協会 近畿支部 住宅部会
541-0051 大阪市中央区備後町2-5-8綿業会館4階
TEL 06-6229-3371

JIA　http://www.jia.or.jp/
JIA近畿支部　http://www.jia.or.jp/kinki/
JIA近畿支部 住宅部会　https://www.jia.or.jp/kinki/iinkai/jyuutaku/